고득점 합격의 지름길

도덕

머리말

삶은 불꽃 튀는 경쟁이 끊임없이 이어집니다. 검정고시도 생존 경쟁의 한 부분입니다. 저마다 세운 목표를 이루는 과정을 알고 앞으로 나아가면 더욱 쉽고 확실하게 목표에 다다를 수 있습니다.

지금 이 순간에도 검정고시 합격이라는 관문을 통과하려고 밤낮을 가리지 않고 애쓰는 수험생 여러분을 응원합니다. 목표를 이루려면 성취하려는 의욕과 뚜렷한 의식이 무엇보다 필요합니다. 따라서 빈틈이나 부족함이 없는 계획과 준비가 있어야 합니다.

도덕은 학습 범위가 넓지 않습니다. 기본 개념을 정확하게 이해하고, 기출문제와 함께 다양한 문제를 풀어보면서 틀린 문제는 오답노트를 만들어 다시 한번 점검하면 짧은 시간 안에 고득점이 가능합니다.

이 책의 특징은 다음과 같습니다.

> **첫째,** 새롭게 개정된 교육과정을 반영하고, 교과 내용을 빈틈없이 분석하여 구성한 최신간입니다.
>
> **둘째,** 단원마다 중요 개념과 원리를 쉽고 정확하게 이해할 수 있도록 교과 내용을 체계적이고 논리적으로 정리하였습니다.
>
> **셋째,** 학습 내용을 바로 확인할 수 있도록 바로체크 문제를 배치하였고, 심화 내용에는 더욱 상세한 해설을 덧붙였습니다.
>
> **넷째,** 이론 학습 후 중요 내용을 다시 한번 정리할 수 있도록 단원 핵심 마무리와 공략 포인트를 제시하였습니다.
>
> **다섯째,** 단원마다 실전예상문제를 풀어보며 자주 출제되는 유형을 체크하고, 고난도 문제를 통해 문제 해결력과 응용력을 기를 수 있도록 하였습니다.

이 책이 수험생 여러분의 목표를 가장 쉽고 빠르게 이루도록 이끄는 길잡이가 되기를 희망합니다. 끝까지 최선을 다해 공부하면 반드시 좋은 결실을 맺을 수 있을 것입니다.

\- 편저자 김석렬

1 시험 과목 및 합격 결정

시험 과목 (7과목)	필수	국어, 수학, 영어, 사회, 과학, 한국사(6과목)
	선택	도덕, 기술·가정, 체육, 음악, 미술 과목 중 1과목
배점 및 문항	문항 수	과목별 25문항(단, 수학 20문항)
	배점	문항당 4점(단, 수학 5점)
합격 결정	고시 합격	각 과목을 100점 만점으로 하여 평균 60점(소수점 셋째 자리에서 절사) 이상을 취득한 자를 합격자로 결정(단, 평균이 60점 이상이라 하더라도 결시과목이 있을 경우에는 불합격 처리)
	과목 합격	시험성적 60점 이상인 과목은 과목합격을 인정하고, 본인이 원할 경우 다음 차수의 시험부터 해당 과목의 시험을 면제하며, 그 면제되는 과목의 성적은 이를 고시성적에 합산함 ※ 과목합격자에게는 신청에 의하여 과목합격증명서 교부

2 응시 자격

① 중학교 졸업자 및 이와 같은 수준 이상의 학력이 있다고 인정된 사람

  ※ 3년제 고등기술학교 졸업(예정)자의 경우에도 중학교 졸업자 및 이와 동등 이상의 학력이 있다고 인정된 사람이어야 함

② 고등학교에 준하는 각종 학교 졸업자 또는 졸업 예정자와 중학교 또는 동등 이상의 학력이 있는 자를 대상으로 하는 3년제 직업훈련 과정의 수료자

③ 초·중등교육법 시행령 제97조, 제101조, 제102조에 해당하는 사람

④ 보호소년 등의 처우에 관한 법률 시행령 제69조제3호에 해당하는 사람

  ※본 공고문에서 졸업 예정자는 최종 학년에 재학 중인 사람을 말함

┤ 응시자격 제한 ├

1. 고등학교 또는 초·중등교육법 시행령 제98조제1항제2호의 학교를 졸업한 사람 또는 재학 중인 사람 (휴학 중인 사람 포함)
2. 공고일 이후 중학교 또는 초·중등교육법 시행령 제97조제1항제2호의 학교를 졸업한 사람
3. 고시에 관하여 부정행위를 한 사람으로서 처분일로부터 응시자격 제한 기간이 경과되지 않은 사람
4. 공고일 기준으로 이후에 1의 학교에 재학 중 제적된 사람(단, 장애인복지법 제32조의 규정에 의하여 등록된 장애인으로서 신체적·정신적 장애로 학업을 계속하는 것이 불가능하여 자퇴한 사람은 제외)

3 제출서류(현장접수)

① 응시원서(소정서식) 1부

② 동일한 사진 2매(탈모 상반신, 3.5cm×4.5cm, 3개월 이내 촬영)

③ 본인의 해당 최종학력증명서 1부

- 졸업(졸업예정)증명서(소정서식)

  ※ 상급학교 진학여부가 표시된 검정고시용에 한함
  졸업 후 배정받은 상급학교에 진학하지 않은 사람은 미진학사실확인서 추가 제출

- 중·고등학교 재학 중 중퇴자는 제적증명서

- 중학교 의무교육 대상자 중 정원 외 관리대상자는 정원 외 관리증명서

- 중학교 의무교육 대상자 중 면제자는 면제증명서(소정서식)

- 평생교육법 제40조에 따른 학력인정 대상자는 학력인정서

- 초·중등교육법 시행령 제96조제1항제2호 및 제97조제1항제3호에 따른 학력인정 대상자는 학력인정증명서(초졸 및 중졸검정고시 합격자는 합격증서사본 또는 합격증명서)

- 합격과목의 시험 면제를 원하는 사람은 과목합격증명서 또는 성적증명서

  ※ 과목합격자가 응시하는 경우, 학력이 직전 응시원서에 기재된 것과 같을 때에는 과목합격증명서의 제출로서
  본인의 해당 최종학력증명서를 갈음함

- 3년제 고등공민학교, 중·고등학교에 준하는 각종 학교와 직업훈련원의 졸업(수료, 예정)자는 졸업(졸업예정, 수료)증명서

- 3년제 고등기술학교 및 졸업(예정)자는 직전학교 졸업증명서

④ **신분증** : 주민등록증, 외국인등록증, 운전면허증, 대한민국 여권, 청소년증 중 하나

시험에 관한 자세한 사항은 한국교육과정평가원 홈페이지(http://www.kice.re.kr)
또는 ARS(043-931-0603) 및 각 시·도 교육청 홈페이지에서 확인하시기 바랍니다.

구성 미리보기

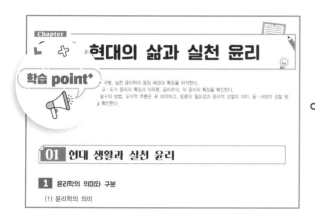

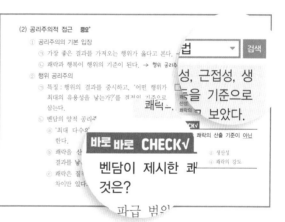

학습 point⁺

단원별로 학습 point를 분석하여 좀 더 쉽고 효율적으로 학습할 수 있는 방법을 제시하였어요.

검색

어렵고 익숙하지 않은 용어는 따로 찾을 필요 없이 바로 확인할 수 있도록 설명했어요.

바로 바로 CHECK

핵심 내용을 얼마나 정확히 이해하였는지 스스로 점검해 보며 실력을 확인하는 시간을 가져 보세요.

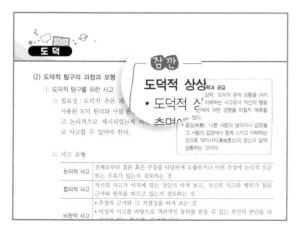

잠깐

기본 이론과 관련된 보충 설명을 통해 심층적으로 학습하는 시간을 가져 보세요.

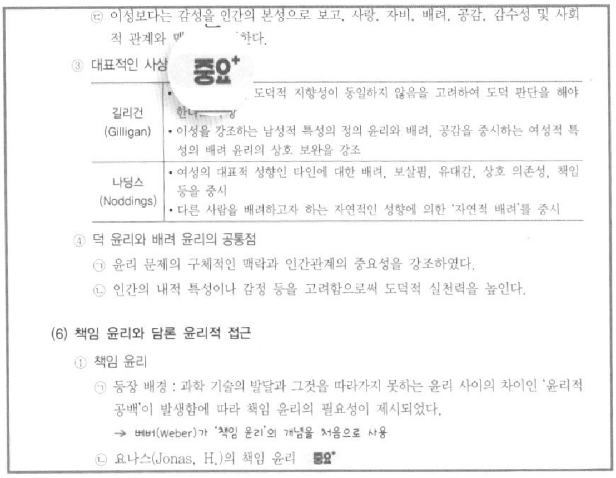
㉢ 이성보다는 감성을 인간의 본성으로 보고, 사랑, 자비, 배려, 공감, 감수성 및 사회적 관계와 ...하다.

③ 대표적인 사상 중요+

길리건 (Gilligan)	• ... 도덕적 지향성이 동일하지 않음을 고려하여 도덕 판단을 해야 한다... • 이성을 강조하는 남성적 특성의 정의 윤리와 배려, 공감을 중시하는 여성적 특성의 배려 윤리의 상호 보완을 강조
나딩스 (Noddings)	• 여성의 대표적 성향인 타인에 대한 배려, 보살핌, 유대감, 상호 의존성, 책임 등을 중시 • 다른 사람을 배려하고자 하는 자연적인 성향에 의한 '자연적 배려'를 중시

④ 덕 윤리와 배려 윤리의 공통점
㉠ 윤리 문제의 구체적인 맥락과 인간관계의 중요성을 강조하였다.
㉡ 인간의 내적 특성이나 감정 등을 고려함으로써 도덕적 실천력을 높인다.

(6) 책임 윤리와 담론 윤리적 접근
① 책임 윤리
㉠ 등장 배경 : 과학 기술의 발달과 그것을 따라가지 못하는 윤리 사이의 차이인 '윤리적 공백'이 발생함에 따라 책임 윤리의 필요성이 제시되었다.
→ 베버(Weber)가 '책임 윤리'의 개념을 처음으로 사용
㉡ 요나스(Jonas, H.)의 책임 윤리 중요+

중요

기출문제를 바탕으로 교과 내용을 분석하여 자주 출제된 부분에는 중요 표시를 하였어요.

심화학습

시험에 나올 수 있는 중요 이론과 보충 내용을 통해 이해의 깊이를 높일 수 있도록 하였어요.

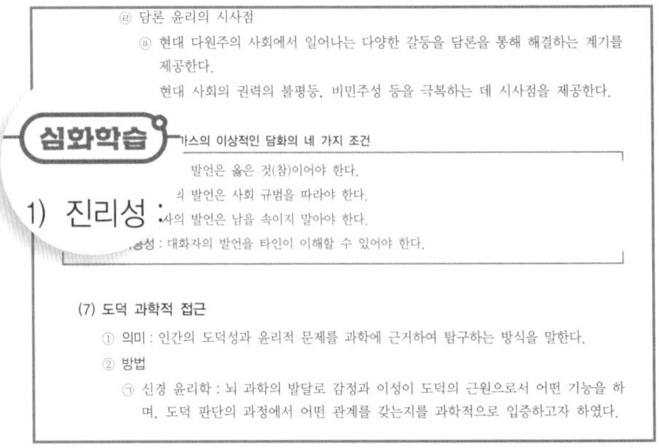
㉣ 담론 윤리의 시사점
ⓐ 현대 다원주의 사회에서 일어나는 다양한 갈등을 담론을 통해 해결하는 계기를 제공한다.
현대 사회의 권력의 불평등, 비민주성 등을 극복하는 데 시사점을 제공한다.

심화학습 ...마스의 이상적인 담화의 네 가지 조건
1) 진리성 : ... 발언은 옳은 것(참)이어야 한다.
...의 발언은 사회 규범을 따라야 한다.
...자의 발언은 남을 속이지 말아야 한다.
...성 : 대화자의 발언을 타인이 이해할 수 있어야 한다.

(7) 도덕 과학적 접근
① 의미 : 인간의 도덕성과 윤리적 문제를 과학에 근거하여 탐구하는 방식을 말한다.
② 방법
㉠ 신경 윤리학 : 뇌 과학의 발달로 감정과 이성이 도덕의 근원으로서 어떤 기능을 하며, 도덕 판단의 과정에서 어떤 관계를 갖는지를 과학적으로 입증하고자 하였다.

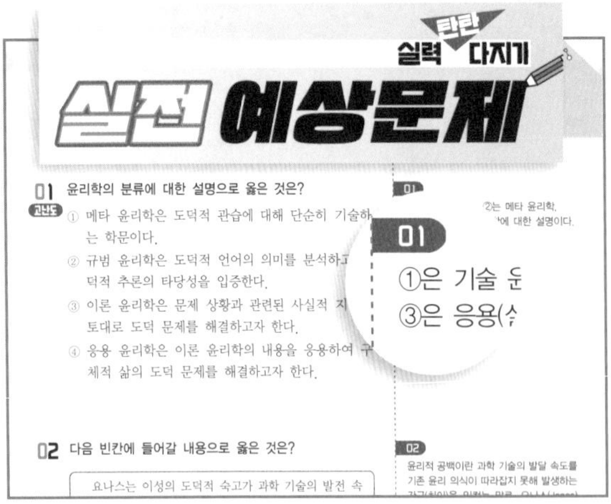
탄탄 실력 다지기
실전 예상문제

01 윤리학의 분류에 대한 설명으로 옳은 것은?
고난도
① 메타 윤리학은 도덕적 관습에 대해 단순히 기술하는 학문이다.
② 규범 윤리학은 도덕적 언어의 의미를 분석하고 도덕적 추론의 타당성을 입증한다.
③ 이론 윤리학은 문제 상황과 관련된 사실적 지...토대로 도덕 문제를 해결하고자 한다.
④ 응용 윤리학은 이론 윤리학의 내용을 응용하여 구체적 삶의 도덕 문제를 해결하고자 한다.

01
①은 기술 윤... ③은 응용(...
②는 메타 윤리학, ...에 대한 설명이다.

02 다음 빈칸에 들어갈 내용으로 옳은 것은?
요나스는 이성의 도덕적 숙고가 과학 기술의 발전 속...

02
윤리적 공백이란 과학 기술의 발달 속도를 기존 윤리 의식이 따라잡지 못해 발생하는 ...

실전예상문제

실제 출제된 기출문제와 적중률이 높은 예상문제를 통해 실력을 점검해 보세요.

정답 및 해설

'왜 정답이 아닌지' 상세하게 설명한 해설을 통해 이론 학습에서 놓친 부분을 한 번 더 살펴 보세요.

차 례

CHAPTER 01

현대의 삶과 실천 윤리

01 현대의 삶과 실천 윤리

1. 윤리학의 구분, 실천 윤리학의 등장 배경과 특징을 파악한다.
2. 유교·불교·도가 윤리의 특징과 의무론, 공리주의, 덕 윤리의 특징을 확인한다.
3. 도덕적 탐구의 방법, 도덕적 추론은 꼭 파악하고, 토론의 필요성과 윤리적 성찰의 의미, 동·서양의 성찰 방법 등을 확인한다.

01 현대 생활과 실천 윤리

1 윤리학의 의미와 구분

(1) 윤리학의 의미

① 윤리와 윤리학의 의미

윤 리	• 인간이 살아가면서 지켜야 하는 도덕적 행동의 기준·규범 • 동양 : 사람 사이의 도리나 이치를 깨닫고 실천하는 것 • 서양 : 사회적 관습이나 개인의 성품
윤리학	• 도덕적 행동의 기준이나 규범을 연구 대상으로 하여 탐구하는 학문 • 어떤 행동에 대해서 '옳은 것과 그른 것', '좋은 것과 나쁜 것'의 근거를 제시하는 학문

② 윤리학의 특징

㉠ 인간의 행위가 도덕적 차원에서 인정받기 위해 갖추어야 할 조건이나 기준을 탐구한다.

㉡ '가치 있는 삶'의 방향 제시와 인간의 도덕적 행위의 실천을 목적으로 삼는다.

(2) 윤리학의 구분

① 탐구 방법에 따른 구분 중요⁺

㉠ 규범 윤리학 : 인간이 어떻게 행동해야 하는가에 대한 보편적 원리를 탐구하는 것을 주된 목표로 한다. → 이론 윤리학과 실천 윤리학으로 나눌 수 있음

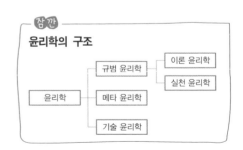

잠깐
윤리학의 구조

윤리학 ─ 규범 윤리학 ─ 이론 윤리학
       │   └ 실천 윤리학
       ├ 메타 윤리학
       └ 기술 윤리학

ⓛ 메타 윤리학 : 도덕적 언어의 의미를 분석하고, 도덕적 추론의 타당성을 입증하며, 학문적 가능성을 연구한다.

ⓒ 기술 윤리학 : 도덕적 풍습이나 관습에 대해 묘사하거나 객관적으로 기술(記述)하는 것을 주된 목표로 한다.

② 규범 윤리학의 구분

ⓐ 이론 윤리학 : 도덕적 행위에 대한 이론적 탐구와 정당화를 통해 현실의 윤리적 문제 해결을 위한 토대를 제공한다.

　📖 공리주의, 덕 윤리론, 의무론

ⓑ 실천 윤리학(응용 윤리학) : 이론 윤리의 내용을 구체적인 삶의 문제에 응용하거나, 삶의 구체적인 상황에서 발생하는 문제에 대한 해결을 모색한다.

　📖 환경 윤리, 생명 윤리, 정보 윤리, 문화 윤리 등

> **공리주의, 덕 윤리론, 의무론** ▾ 🔍검색
> - **공리주의** : 쾌락과 행복을 가져다주는 행위를 옳은 행위로, 고통과 불행을 가져다주는 행위를 그릇된 행위로 본다.
> - **덕 윤리론** : 행위자에 초점을 두어 도덕적 행동이 행위자의 덕에 따라 정해진다고 본다.
> - **의무론** : 도덕의 근본 원리를 의무에 두는 학설을 통틀어 이르는 말

---

2 현대인의 삶과 다양한 윤리적 쟁점

(1) 새로운 윤리 문제의 등장

① 배경

ⓐ 이론 윤리학의 한계 : 현대 사회에서 구체적인 행위에 대한 지침을 제공해 주지 못하였다.

ⓑ 과학 기술의 급속한 발전 : 기존의 윤리가 과학 기술의 발전 속도를 따라가지 못하면서 '윤리적 공백'이 발생하였다.

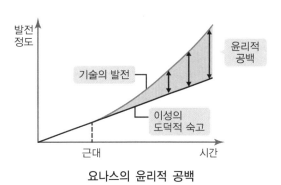

요나스의 윤리적 공백

알아두면 점수따는 이야기　　　　　　윤리학(ethics)의 어원

　탁월성[덕]은 두 종류가 있다. 하나는 지적 탁월성이고, 다른 하나는 성품적 탁월성이다. 지적 탁월성은 가르침에 의해 생겨나기 때문에 경험과 시간이 있어야 한다. 한편 성품적 탁월성은 습관의 결과로 생겨난다. 이런 이유로 성품과 관련된 '에티케'라는 말은 습관을 의미하는 '에토스(ethos)'라는 말을 변형해서 얻어진 것이다.

－ 아리스토텔레스, 『니코마코스 윤리학』

② 사회·문화적 변화 : 세계화, 정보화, 도시화 등으로 다양한 가치와 문화가 공존하는 사회로 변화하였다.

③ 특징

　　㉠ 전통 윤리 규범만으로 해결하기에는 한계가 있다. **예** 배아 복제 문제

　　㉡ 파급 효과가 광범위한 영역과 미래 사회에도 영향을 미칠 수 있다.

　　　　예 경제 성장과 환경 보전의 갈등

　　㉢ 책임의 소재를 명확하게 판단하는 것에 대한 어려움이 있다. **예** 환경오염 문제

　　㉣ 우리의 일상과 관련 있는 거의 모든 생활 영역에서 발생한다.

(2) 현대 사회의 다양한 윤리적 쟁점 　중요⁺

① 새로운 윤리 요청 : 전통 윤리의 한계를 극복하고, 구체적인 현실 문제를 다루는 새로운 윤리가 필요하게 되었다.

② 새로운 윤리의 핵심 쟁점

구 분		윤리적 문제와 쟁점
생명 윤리	문제	인공 임신 중절, 안락사, 뇌사, 자살, 생명 복제, 유전자 조작, 동물 실험과 동물의 권리 등
	쟁점	'생명 과학 기술의 발달로 발생하는 윤리적 문제'
성과 가족 윤리	문제	성의 자기 결정권, 성의 상품화, 성차별과 양성평등, 노인 소외, 가족 해체 현상 등
	쟁점	'성 상품화 허용', '고령화 시대의 가족 윤리 문제' 등
과학· 정보 윤리	문제	과학 기술의 가치 중립성과 사회적 책임 문제, 정보 통신 기술과 미디어 매체의 발달에 따른 문제, 사이버 공간 표현의 자유 등
	쟁점	'과학 기술의 가치 중립적 문제', '사이버 공간과 현실의 윤리 차이 문제' 등
환경 윤리	문제	동서양의 자연관, 기후 변화와 환경 문제 극복을 위한 인간과 자연과의 관계, 미래 세대에 대한 책임 등
	쟁점	'환경 보호의 의무와 책임은 어디까지 적용되어야 하는가?' 문제
사회 윤리	문제	공정한 분배 기준, 준법과 시민 불복종, 직업 윤리 문제, 우대 정책과 역차별, 사회 정의 실현 등
	쟁점	'공정한 분배 기준의 문제', '사회적 약자에 대한 우대 정책과 역차별 문제' 등
문화 윤리	문제	예술과 외설의 구분, 의식주와 관련된 문제, 다문화 사회 문제, 종교 문제 등
	쟁점	'예술과 외설 구분 문제', '문화를 초월한 보편적 윤리의 존재 문제' 등
평화 윤리	문제	통일 관련 쟁점, 국제 사회의 분쟁, 국가 간 빈부 격차와 원조 문제 등
	쟁점	'통일이 지향해야 할 윤리적 가치문제', '지구촌 평화 실현 문제' 등

3 실천 윤리학의 성격과 특징

(1) 실천 윤리학의 의미와 성격

① 의미 : 구체적이고 실천적인 원칙과 지침을 제공해 주는 학문이다.

② 성격 : 실천 지향적인 성격을 지니고 있다.

③ 이론 윤리학과 차이점

구 분	이론 윤리학	실천 윤리학(응용 윤리학)
성 격	도덕적 행위에 대한 이론적 탐구와 정당화를 통해 현실의 윤리적 문제의 해결을 위한 토대 제공	이론 윤리의 내용을 삶의 문제에 응용, 삶의 구체적인 상황에서 발생하는 문제에 대한 해결책 모색
종 류	공리주의, 덕 윤리론, 의무론 등	생명 윤리, 환경 윤리, 정보 윤리 등

(2) 실천 윤리학의 특징

① 실천적 성격 : 이론 윤리학에서 도출한 도덕 원리를 구체적인 삶의 문제에 적용하여 윤리적 문제를 해결하고자 한다.

② 학제적 성격 : 다양한 분야의 학문과 연계하여 함께 연구・탐구하여 접근한다.

> 학제적(學際的) ▼ 검색
> 둘 이상의 학문 분야와 관계된 것을 의미한다.

③ 이론 윤리학과 유기적 관계 : 현실의 윤리 문제들에 대한 해결을 모색하기 위하여 이론 윤리학의 연구 성과들을 적극적으로 활용한다.

이론 윤리학		실천 윤리학
이론적 토대	⟺	현실의 문제 해결 모색

알아두면 점수따는 이야기　　　　　　　　　　　　　새로운 윤리학의 필요

　기술의 발전을 통해 인간은 점점 더 많은 힘을 가지게 된다는 의미에서 기술은 인간의 힘의 행사이며 동시에 인간 행위의 한 형식이다. 인간의 행위는 도덕적으로 숙고되어야 하며, 인간의 힘의 행사 역시 마찬가지이다. 힘의 변증법에서 … 세 번째 단계의 힘은 우리가 기술의 발전에 내재한 무한한 진보의 이념을 지혜의 도움으로 제한할 수 있어야 비로소 가능하게 된다.　　　　　　　　　　　　　　　　　　　　　　　　　　　　　－ 요나스, 『책임의 원칙』

02 현대 윤리 문제에 대한 접근

1 동양 윤리적 접근 중요⁺

(1) 유교 윤리적 접근

① 도덕적 인격 완성 중시

　㉠ 인간의 도덕적 본성을 강조 : 하늘의 의지가 인간에게 반영된 것으로 보았다.

　㉡ 공자 : 인(仁)을 타고난 내면적 도덕성으로 보고, 인의 실천을 강조하였다.

　　√ 인(仁)을 실천하는 덕목 → 충서(忠恕), 효제(孝悌), 오륜(五倫) 등 제시

> **잠깐**
> **충서(忠恕)의 의미**
> • 충(忠) : 거짓이나 꾸밈없이 참된 마음에 최선을 다하는 것
> • 서(恕) : 내 마음을 미루어 다른 사람을 헤아리는 것

　㉢ 맹자 : 인간은 누구나 선한 본성(사단, 四端)을 가지고 있어 지속적으로 수양하면 도덕적으로 완성된 인간인 성인(聖人), 군자(君子)가 될 수 있다.

　　√ 군자(君子) → 자신을 수양하고 난 뒤 다른 사람을 편안하게 하는 수기안민(修己安民)을 실현하는 사람

② 도덕적 공동체 추구

　㉠ 정명(正名) 사상 : 공자는 사회 구성원 간의 역할과 책임을 강조하였다.

　㉡ 충서(忠恕)의 덕목 : 실천 원리로서 타인의 존중과 배려를 강조하였다.

　㉢ 효(孝), 오륜(五倫) 사상 : 인간관계에서 지켜야 할 도리로서 강조하였다.

　㉣ 대동 사회 : 개인들이 자신의 능력을 충분히 발휘하고, 누구에게나 기본적인 삶의 보장과 범죄가 발생하지 않는 이상 사회를 말한다.

> 오륜(五倫) ▼ 검색
> • 부자유친 : 어버이와 자식 사이에는 친함이 있어야 한다.
> • 군신유의 : 임금과 신하 사이에는 의로움이 있어야 한다.
> • 부부유별 : 부부 사이에는 분별이 있어야 한다.
> • 장유유서 : 어른과 아이 사이에는 차례와 질서가 있어야 한다.
> • 붕우유신 : 친구 사이에는 믿음이 있어야 한다.

알아두면 점수따는 이야기　　　　　　　　　대동 사회

　큰 도가 행해진 세상에는 천하가 모든 사람의 것이다. 사람들은 어진 이와 능한 이를 선출하여 관직을 맡게 하고, 온갖 수단을 다하여 서로 간의 신뢰와 친목을 두텁게 한다. … 노인에게는 생애를 편안하게 마치게 해 주며, 장정에게는 충분한 일자리를 제공해 주며, 어린아이에게는 마음껏 성장할 수 있게 해 주며, … 노력은 자기 자신의 사적인 이익을 위해서만 쓰지 않는다. 모두가 이러한 마음가짐이기 때문에 모략이 있을 수 없으며, 절도나 폭력도 없으며, 아무도 문을 잠그는 일이 없다. 이러한 세계를 '대동(大同)'이라 한다.　　　　　　　　　　　　　　　　　　　　　　　　　　　　　　　　　　　　　－ 『예기』

③ 인간과 자연의 조화 추구 : 유교에서는 하늘과 사람이 하나라고 보았다.

　→ 천인합일(天人合一) 사상

④ 현대의 윤리적 문제 해결에 주는 시사점

　㉠ 도덕적 해이 현상의 극복과 인간 존엄성을 회복하는 데 기여할 수 있다.

　㉡ 인간성 상실의 문제, 이기주의 문제 등을 해결하는 데 도움을 줄 수 있다.

심화학습 ─ 맹자의 성선설(4덕과 4단)

1) 4덕 : 인(仁), 의(義), 예(禮), 지(智)

2) 4단 : 측은지심(남을 불쌍히 여기는 마음), 수오지심(옳지 못함을 부끄러워하고, 착하지 못함을 미워하는 마음), 사양지심(겸손하여 양보하는 마음), 시비지심(옳고 그름을 가려내는 마음)

(2) 불교 윤리적 접근

① 연기(緣起)에 대한 깨달음 강조

　㉠ 연기적 세계관 : 모든 현상은 원인(因)과 조건(條)의 결합으로 생겨나 상호 의존하고 있다고 보았다. → "인연이 없으면 결과도 없다."

　㉡ 열반, 해탈의 경지 : 연기를 깨달으면 자비(慈悲)의 마음이 저절로 생기게 되어 누구나 고통에서 벗어나 열반 또는 해탈이라는 이상적 경지에 이를 수 있다고 보았다.

② 평등적 세계관과 주체적 인간관

　㉠ 평등적 세계관 : 살아 있는 모든 존재에게는 불성(佛性)이 있기 때문에 모든 생명은 평등하다고 보았다.

　㉡ 주체적 인간관 : 인간은 누구나 주체적으로 삼학(三學, 계·정·혜)의 수행 방법을 통하여 진리를 깨달을 수 있는 존재이다.

알아두면 점수파는 이야기

연기(緣起)의 의미

이것이 있기 때문에 저것이 있고, 이것이 생기기 때문에 저것이 생긴다. 이것이 없기 때문에 저것이 없고, 이것이 사라지기 때문에 저것이 사라진다. 비유하면 세 개의 갈대가 아무것도 없는 땅 위에 서려고 할 때 서로 의지해야 설 수 있는 것과 같다. 만일 그 가운데 한 개를 제거해 버리면 두 개의 갈대는 서지 못하고, 그 가운데 두 개의 갈대를 제거해 버리면 나머지 한 개도 역시 서지 못한다. 세 개의 갈대는 서로 의지해야 설 수 있는 것이다.　　　　　— 『잡아함경』

③ 깨달음의 실천 강조

　　㉠ 공(空) 사상 : 모든 존재는 인연에 의해 생멸(生滅)하는 존재이므로 고정된 실체가
　　　　없다.

　　㉡ 자비(慈悲)의 실천 : 모든 생명은 불성(佛性)을 지니고 있으며, 깨달음을 얻으면 누구
　　　　나 부처가 될 수 있으므로 세상의 모든 생명에게 자비를 실천해야 한다.

　　㉢ 보살 : 깨달음을 얻어 자비를 실천하여
　　　　중생을 구제하고자 하는 사람으로, 대
　　　　승불교에서 제시한 이상적 인간상이다.

바로 바로 CHECK√	
불교에서 제시한 이상적 인간상은?	
① 성인	② 군자
❸ 보살	④ 진인

④ 현대의 윤리적 문제 해결에 주는 시사점

　　㉠ 인간의 내면을 성찰하고 정신 수양을
　　　　하는 데 기여할 수 있다.

　　㉡ 생명 경시 풍조, 환경 파괴 등의 문제 해결에 영향을 줄 수 있다.

　　㉢ 보편적 인류애는 평화 유지에 도움이 될 수 있다.

(3) 도가 윤리적 접근

① 무위자연(無爲自然)의 삶 강조

　　㉠ 도(道) : '스스로 그러함(自然)'을 의미하며, 우주의 근원이자 만물의 법칙이다.

　　㉡ 노자 : 인위적이지 않은 자연의 순리에 따르는 무위자연의 삶을 강조하였다.

② 평등적 세계관

　　㉠ 장자의 제물(齊物) : 세상 만물을 차별하지 않고, 한결같이 바라보아야 한다.

　　㉡ 장자의 좌망과 심재 : 도가의 수양법으
　　　　로 정신적으로 자유로운 경지인 소요(逍
　　　　遙)에 이를 수 있다.

> **잠깐**
> **도가의 수양법**
> • 좌망 : 조용히 앉아서 자신을 구속하는 일
> 　체의 것을 잊어버리는 것
> • 심재 : 마음을 비워서 깨끗이 하는 것

③ 소국과민(小國寡民)과 이상적 인간

　　㉠ 소국과민 : 영토가 작고 인구가 적은 나
　　　　라로 무위의 다스림이 이루어지는 이상 사회이다.

　　㉡ 이상적 인간 : 모든 차별이 소멸된 정신적 자유의 경지에 이른 지인(至人), 진인(眞
　　　　人), 신인(神人), 천인(天人)을 이상적 인간으로 제시하였다.

④ 현대의 윤리적 문제 해결에 주는 시사점

　㉠ 세속적 가치에서 벗어나 마음의 안정과 내면의 자유로움을 추구할 수 있도록 한다.

　㉡ 인간성 상실과 환경 문제 등에 대한 해결에 영향을 줄 수 있다.

2 서양 윤리의 접근

(1) 의무론적 접근　**중요⁺**

① 의무론 : 언제 어디서나 우리가 따라야 할 보편타당한 법칙이 존재하며, 우리의 행위가 이 법칙을 따르면 옳고 따르지 않으면 그르다고 판단하는 관점이다.

② 칸트의 의무론

　㉠ 도덕 법칙 : 이성적이고 자율적인 인간은 보편적인 도덕 법칙을 인식할 수 있다. 따라서 도덕 법칙은 그 자체가 선(善)이기 때문에 무조건적으로 수행해야 한다. → '정언 명령'의 형식으로 제시

　㉡ 도덕적 행동 : 아무런 조건이나 제약 없이 그 자체만으로 선한 '선의지'의 지배를 받아야 하며, 도덕 법칙을 존중하는 '의무 의식'에서 나와야 한다.
　　→ 칸트는 도덕성을 판단할 때 행위의 결과보다 동기를 중시

　㉢ 한계 : 보편적 도덕의 형식에 집중하여 어떻게 행위해야 하는가에 대한 구체적인 지침을 제공하지 못하였다.

> **참깐**
> **정언명령과 가언명령**
> • 정언명령 : 어떠한 조건에 따라 좌우되지 않으며, 행위의 결과와 상관없이 행위 자체가 선(善)이기 때문에 무조건적으로 수용해야 하는 도덕적 명령
> • 가언명령 : '만일 ~한다면 ~해야 한다.'와 같이 일정한 조건이 붙는 명령으로, 도덕 법칙이 될 수 없다.

> **참깐**
> **칸트의 정언 명령**
> • 제1정언명령 : "네 의지의 준칙이 항상 보편적인 입법의 원리가 될 수 있도록 행위하라." → 보편 법칙의 정식
> • 제2정언명령 : "너 자신의 인격에서나 다른 모든 사람의 인격에서 인간을 단지 수단으로만 대우하지 말고 항상 동시에 목적으로 대우하도록 행위하라." → 목적의 정식

알아두면 **점수따는 이야기**　　　　　　　　　　　　　　　　　　　　도가의 진인(眞人)

　옛날의 진인(眞人)들은 출생도 기뻐하지 않았고, 죽음도 싫어하지 않았다. 태어난 것을 기뻐하지 않거니와 되돌아가는 것을 거부하지도 않았다. 의연히 가고 의연히 올 따름이다. 자기 생명의 시작을 잊지도 않거니와 제 명대로 죽는 것도 억지로 추구하지 않았다. 생명을 받으면 기뻐하고 그것을 잃었으면 자연으로 다시 되돌아간 것이다. 이것이 바로 인간의 마음으로써 도(道)를 덜어 내지 아니하고, 인위로써 자연을 돕지 않는다는 것이다. 　　　　　　　　　　ㅡ『장자』

ⓔ 칸트 윤리의 시사점 : 보편적인 윤리를 확립하여 도덕 판단의 근거를 제시하고, 인간 존엄성과 인권 보호에 기여할 수 있다.

③ **자연법 윤리**

㉠ 자연법 : 모든 인간에게 자연적으로 주어지는 보편적인 법으로, 인간의 본성에 기초한 절대적인 법을 말한다.

㉡ 자연법 윤리 : 자연법에 따르는 행위는 옳고, 그것을 어기는 행위는 그르다고 본다. 자연법 윤리의 의사 결정 과정에서는 어떤 행위가 자연의 질서에 부합하는지 어긋나는지를 검토한다.

㉢ 아퀴나스의 자연법론 : 인간의 세 가지 자연적인 본성인 자기 보존, 종족 보존, 신과 사회에 대한 진리 파악을 제시하였다. → '선(善)을 행하고 악(惡)을 피하라.'(자연법 제1원리)

㉣ 한계 : 직관에 따른 도덕 판단이 서로 다를 경우 이를 해결할 적절한 방안이 없다.

㉤ 자연법 윤리의 시사점 : 인간의 존엄성과 생명의 불가침성, 만민 평등의 자연법적 권리를 이끌어 낼 수 있다.

(2) 공리주의적 접근   중요⁺

① **공리주의의 기본 입장**

㉠ 가장 좋은 결과를 가져오는 행위가 옳다고 본다. → 결과론적 윤리설(유용성의 원리)

㉡ 쾌락과 행복이 행위의 기준이 된다. → 행위 공리주의와 규칙 공리주의로 구분

② **행위 공리주의**

㉠ 특징 : 행위의 결과를 중시하고, '어떤 행위가 최대의 유용성을 낳는가?'를 결정의 기준으로 삼는다.

㉡ 벤담의 양적 공리주의

　ⓐ '최대 다수의 최대 행복'을 추구한다.

　ⓑ 쾌락을 산출하고, 고통을 피하는 결과를 낳는 행위를 옳다고 본다.

　ⓒ 쾌락은 질적으로 동일하고 양적인 차이만 있다고 본다. → 쾌락 계산 가능

> **벤담의 쾌락과 고통 계산법** ▼ 검색
>
> 쾌락의 강도, 지속성, 확실성, 근접성, 생산성, 순수성, 파급 범위 등을 기준으로 쾌락의 양을 계산할 수 있다고 보았다.

바로 바로 CHECK√

벤담이 제시한 쾌락의 산출 기준이 <u>아닌</u> 것은?

① 파급 범위　　② 생산성
❸ 확장성　　　④ 쾌락의 강도

ⓒ 밀의 질적 공리주의

ⓐ 쾌락의 양뿐만 아니라 질적 차이까지 고려한다.

ⓑ 감각적 쾌락보다 정신적 쾌락을 더 수준 높은 쾌락으로 본다.

ⓒ "배부른 돼지가 되기보다는 인간이 되는 편이 낫고, 만족스런 바보가 되기보다는 불만족스런 소크라테스가 되는 편이 낫다."

ⓔ 한계 : 상식적인 도덕과 일치하지 않을 수 있으며, 각 상황마다 행위의 결과를 계산하기 어렵다.

③ 규칙 공리주의

㉠ 특징 : 행위가 따르고 있는 규칙의 결과를 중시하고, '어떤 규칙이 최대의 유용성을 낳는가?'를 결정의 기준으로 삼는다.

㉡ 한계 : 위의 기준으로 삼는 규칙에 따라 유용성이 달라질 수 있다.

④ 공리주의의 한계와 시사점

㉠ 한계 : 쾌락을 삶의 목적으로 설정하여 내면적 동기를 소홀히 할 수 있고, 다수의 이익 추구로 인한 소수의 권리 침해 가능성도 있다.

㉡ 시사점 : 개인과 공공의 이익에 대한 해결 방법의 제시와 효율적인 정책과 제도의 확립에 기여할 수 있다.

⑤ 행위 공리주의와 규칙 공리주의의 비교

행위 공리주의	규칙 공리주의
• 어떤 행위가 최대의 유용성을 낳는가?	• 어떤 규칙이 최대의 유용성을 낳는가?
• 결과가 좋은 행위가 도덕적이다.	• 도덕 규칙을 따른 행위의 결과가 좋으면 도덕적이다.
• 벤담의 양적 공리주의, 밀의 질적 공리주의	

(3) 계약론적 접근

① 사회 계약

㉠ 인간들이 자신의 생존을 유지하고 만족스러운 삶에 도달하기 위하여 상호 간에 맺은 계약이다.

㉡ 계약 당사자 간의 이성적 합의의 산물로서 도덕 행위의 근거가 된다.

② 홉스의 계약론

    ㉠ 자연의 상태 : 인간의 이기적 본성과 재화의 희소성 → "만인의 만인에 대한 투쟁 상태"

    ㉡ 사회 계약에 동의 : 개인의 생명 보호와 안전 도모를 위해 → 규칙과 통치력 발생

    ㉢ 정의 : 계약의 의무를 성실히 수행하는 것

③ 현대의 계약론 : 타고난 불평등한 사회적 여건 해소와 계약의 공정성 확보를 중시한다.

(4) 덕 윤리적 접근 중요⁺

① 덕 윤리의 등장 배경 : 의무론과 공리주의는 행위자 내면의 도덕성과 인성의 중요성을 간과하였고, 개인의 자유와 권리를 지나치게 강조하여 공동체의 전통을 무시한다는 비판적 시각으로부터 등장하였다.

② 덕 윤리의 특징

    ㉠ 행위자 중심 : 도덕 원리가 아니라 행위자의 성품과 인간관계의 맥락에 중점을 둔다.
        → '품성의 바름'을 추구

    ㉡ 공동체의 삶 강조 : 공동체와 분리된 개인이 아닌 공동체 구성원으로서의 삶을 강조하였다.
        → 매킨타이어(McIntyre, A.) : 개인의 자유와 선택보다는 공동체와 그 공동체의 전통과 역사를 중시함

> **잠깐**
> **동·서양의 덕 윤리**
> • 동양 : 덕성 함양을 권장 → 유교[인(仁)]와 불교[자비(慈悲)]에서 발견
> • 서양 : 아리스토텔레스 → 중용(中庸, 지적인 덕과 품성적인 덕이 조화를 이룬 덕이 완성된 인간을 이상적으로 보고, 덕을 실천하려는 의지와 태도를 강조)

    ㉢ 윤리적 의사 결정 : "보편타당한 규칙을 따르라."고 하기보다는 "정직한 사람이 되어라.", "정직한 사람이 할 법한 행위를 하라."고 요구한다.

③ 덕 윤리의 한계와 시사점

    ㉠ 구체적인 상황에서의 도덕 판단과 행위 강조는 윤리적 상대주의의 우려가 있다.

    ㉡ 시사점 : 윤리학의 논의 범위 확장과 도덕적 실천력을 높이는 데 기여할 수 있다.

(5) 배려 윤리적 접근

① 등장 배경 : 기존 형식과 이성, 권리, 도덕 법칙에 치중하는 정의 중심적 윤리의 대안으로 제시되었다.

② 특징

㉠ 사랑과 모성적 배려를 강조하고, 사람들 사이의 공동체적 관계에 주목하였다.

㉡ 역지사지의 태도로 상대방이 어떤 감정을 가지고 생각을 하고 있는지 살펴야 한다.

㉢ 이성보다는 감성을 인간의 본성으로 보고, 사랑, 자비, 배려, 공감, 감수성 및 사회적 관계와 맥락을 중시한다.

③ 대표적인 사상가 **중요⁺**

길리건 (Gilligan)	• 여성과 남성의 도덕적 지향성이 동일하지 않음을 고려하여 도덕 판단을 해야 한다고 주장 • 이성을 강조하는 남성적 특성의 정의 윤리와 배려, 공감을 중시하는 여성적 특성의 배려 윤리의 상호 보완을 강조
나딩스 (Noddings)	• 여성의 대표적 성향인 타인에 대한 배려, 보살핌, 유대감, 상호 의존성, 책임 등을 중시 • 다른 사람을 배려하고자 하는 자연적인 성향에 의한 '자연적 배려'를 중시

④ 덕 윤리와 배려 윤리의 공통점

㉠ 윤리 문제의 구체적인 맥락과 인간관계의 중요성을 강조하였다.

㉡ 인간의 내적 특성이나 감정 등을 고려함으로써 도덕적 실천력을 높인다.

(6) 책임 윤리와 담론 윤리적 접근

① 책임 윤리

㉠ 등장 배경 : 과학 기술의 발달과 그것을 따라가지 못하는 윤리 사이의 차이인 '윤리적 공백'이 발생함에 따라 책임 윤리의 필요성이 제시되었다.

→ 베버(Weber)가 '책임 윤리'의 개념을 처음으로 사용

㉡ 요나스(Jonas, H.)의 책임 윤리 **중요⁺**

ⓐ 인간은 책임질 능력이 있는 유일한 존재이므로, 책임을 져야만 하는 의무가 있다고 보았다.

ⓑ 인간 중심적 자연관을 비판하며 의도한 행위의 결과뿐만 아니라 예견 가능한 모든 결과에 대한 책임 및 의도하지 않은 행위의 결과까지 책임의 범위를 확장할 것을 요구하였다.

ⓒ 책임의 범위를 현 세대뿐만 아니라 미래 세대 및 자연과 생태계 전체로 확대할 것을 요구하였다.

㉢ 책임 윤리의 시사점 : 인간의 책임 범위를 확장하고, 책임을 다하는 자세를 갖도록 하였다.

② 담론 윤리

㉠ 등장 배경 : 현대 다원주의 사회에서 다양한 가치들이 충돌하였을 때, 이를 합리적으로 해결하기 위한 대화와 소통이 필요하게 되었다.

㉡ 특징

ⓐ 이성적인 존재인 인간은 합리적인 담론을 통하여 윤리적 문제와 갈등을 해결할 수 있다고 보았다.

바로 바로 CHECK√

다음 중 담론 윤리와 관련된 사상가는?
① 길리건   ② 나딩스
③ 확장성   ❹ 하버마스

ⓑ 윤리적 문제와 갈등에 대한 옳고 그름에 대한 정당성을 공적 담론, 즉 의사소통 과정에서 찾고자 하였다.

㉢ 하버마스(Habermas, J.)의 담론 윤리 **중요⁺**

ⓐ 담론 과정을 통해 규범의 정당성 확보에 관심을 두고, 의사소통의 합리성 실현을 강조하였다.

ⓑ 이상적인 담화의 조건으로 진리성, 정당성, 진실성, 이해 가능성 등을 들었다.

㉣ 담론 윤리의 시사점

ⓐ 현대 다원주의 사회에서 일어나는 다양한 갈등을 담론을 통해 해결하는 계기를 제공한다.

ⓑ 현대 사회의 권력의 불평등, 비민주성 등을 극복하는 데 시사점을 제공한다.

심화학습 하버마스의 이상적인 담화의 네 가지 조건

1) 진리성 : 대화자의 발언은 옳은 것(참)이어야 한다.

2) 정당성 : 대화자의 발언은 사회 규범을 따라야 한다.

3) 진실성 : 대화자의 발언은 남을 속이지 말아야 한다.

4) 이해 가능성 : 대화자의 발언을 타인이 이해할 수 있어야 한다.

(7) 도덕 과학적 접근

① 의미 : 인간의 도덕성과 윤리적 문제를 과학에 근거하여 탐구하는 방식을 말한다.

② 방법

㉠ 신경 윤리학 : 뇌 과학의 발달로 감정과 이성이 도덕의 근원으로서 어떤 기능을 하며, 도덕 판단의 과정에서 어떤 관계를 갖는지를 과학적으로 입증하고자 하였다.

ⓒ 인간의 도덕성을 진화의 산물로 보고, 유전자의 측면에서 이기적, 이타적 행동을 해석하였다.

ⓒ 행동 과학 : 인간을 환경에 의해서 통제될 수 있는 존재로 보고, 인간의 모든 행동을 예측하고자 한다.

③ 한계와 시사점

ⓐ 한계 : 인간의 행동을 과학적 법칙에 적용하기 때문에 인간의 자율성과 존엄성을 배제한다는 문제점이 있다.

ⓑ 시사점 : 인간의 도덕성과 도덕적 행동을 새롭게 해석하여 이해의 폭을 넓혀주고, 이성뿐만 아니라 정서와 신체적인 부분의 통합까지도 고려해야 한다는 점을 강조하였다.

03 윤리 문제에 대한 탐구와 성찰

1 도덕적 탐구의 의미와 방법

(1) 도덕적 탐구의 의미와 특징 중요⁺

① 도덕적 탐구의 의미

ⓐ 도덕적 사고를 통해 도덕적 의미를 새롭게 구성하는 지적 활동을 말한다.

ⓑ 도덕적 사고를 통해 윤리 문제 해결을 위한 최선의 대안을 끌어내는 전 과정이다.

② 도덕적 탐구의 특징

ⓐ 다양한 윤리 문제 해결을 위한 규범에 주목하여 행위를 정당화하고, 도덕 실천을 하는 데 중점을 둔다.

ⓑ '윤리적 딜레마'를 활용한 도덕적 추론의 과정으로 이루어진다.

ⓒ 이성적 사고의 과정뿐만 아니라 정서적 측면도 함께 고려하여 탐구한다.

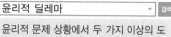

윤리적 딜레마	검색

윤리적 문제 상황에서 두 가지 이상의 도덕적 의무와 도덕 원칙 사이에 갈등과 충돌이 전개되는 상황

(2) 도덕적 탐구의 과정과 모형

① 도덕적 탐구를 위한 사고

㉠ 필요성 : 도덕적 추론 과정에서 근거로 사용된 도덕 원리와 사실 판단이 타당하고 논리적으로 제시되었는지 비판적으로 사고할 수 있어야 한다.

도덕적 상상력과 공감
- 도덕적 상상력 : 도덕적 문제 상황을 여러 측면에서 이해하는 사고로서 자신의 행동이 타인에게 어떤 영향을 미칠지 예측할 수 있다.
- 공감(共感) : 다른 사람의 생각이나 감정을 그 사람의 입장에서 함께 느끼고 이해하는 것으로 역지사지(易地思之)의 정신과 일맥상통하는 것이다.

㉡ 사고 유형

논리적 사고	전제로부터 결론 혹은 주장을 타당하게 도출하거나 어떤 주장에 논리적 모순 또는 오류가 있는지 검토하는 것
합리적 사고	자신의 사고가 이치에 맞는 것인지 따져 보고, 자신의 사고와 행위가 참된 근거와 원칙을 따르고 있는지 검토하는 것
비판적 사고	• 주장의 근거와 그 적절성을 따져 보는 것 • 이성적 사고를 바탕으로 객관적인 동의를 받을 수 있는 최선의 판단을 내리고자 하는 합리적·분석적 사고 • 도덕적 추론 과정에서 사용된 전제와 결론이 타당한지를 검토한다.
배려적 사고	• 다른 사람의 욕구나 감정이 무엇인지에 관심을 갖고 그것을 존중해 주는 것 • 배려적 사고의 요소로는 도덕적 상상력과 공감(共感) 등이 있다.

심화학습 배려의 중요성

1) 의의 : 감정을 도덕성의 원천으로 보고 사람들 간의 관계를 중시하였으며, 도덕성의 지식적인 부분뿐만 아니라 정서적인 부분의 중요성도 부각시켰다.

2) 주장
   ① 캐럴 길리건 : 동·서양의 기존 윤리관을 남성 중심의 성차별적 윤리관으로 규정하고, 정의의 윤리만큼이나 '배려의 윤리'도 중요하다고 주장하였다.
   ② 넬 나딩스 : 배려를 가장 기초적인 윤리적 현상으로 본 학자로서, 상대방을 공감하고 이에 따라 행동할 수 있는 '배려'가 훈련된 이성보다 중요하다고 보았다.

② 도덕적 탐구의 과정

윤리적 쟁점 또는 딜레마 확인	윤리적 문제가 발생하게 된 이유의 검토와 서로 충돌하는 쟁점, 관련된 사람들과의 관계 등을 파악한다.
자료 수집 및 분석	관련 문제에 대해 정확하게 이해하고 해결하기 위한 다양한 자료를 수집하고 분석한다.
입장 채택 및 정당화 근거 제시	자신의 입장 채택 후 정당화 근거의 타당성을 확보하기 위한 도덕 원리 검사 방법의 적용과, 공감·배려와 같은 도덕적 정서도 고려한다.
최선의 대안 도출	토론을 통해 최선의 대안을 마련한다.
반성적 성찰 및 입장 정리	도덕적 탐구 과정에서의 참여 태도, 배운 점, 달라진 생각 등에 대한 검토와 성찰의 자세를 갖는다.

(3) 도덕적 추론과 도덕 판단 중요⁺

① 도덕적 추론의 의미 : 주장을 뒷받침하고 있는 이유나 근거를 제시하면서 도덕 판단을 이끌어 내는 과정을 말한다.

② 도덕적 추론을 통한 도덕 판단(삼단 논법과 유사)

　㉠ 형식 : 　도덕 원리　 ＋ 　사실 판단　 ⇒ 　도덕 판단

　㉡ 도덕 판단을 뒷받침하는 사실 근거는 여러 개일 수 있다.

알아두면 점수따는 이야기　　　　　　　　　　비판적 사고의 필요성

억압받고 있는 의견이 때로는 올바른 것인지도 모른다. 그 의견을 억압하려고 하는 사람들은 그 의견의 진실을 부정할 것이 분명하지만 그들의 판단만이 언제나 옳다는 보장은 어느 누구도 할 수 없다. 누구도 전 인류를 대신해서 문제를 결정하고, 다른 모든 사람들의 판단력을 빼앗을 만한 권위를 가질 수 없다. 모든 토론을 침묵하게 하는 것은 '인간의 절대 무오류성'을 가정하는 것이다. 하지만 인간은 끊임없이 잘못 판단하고 잘못 행동하면서 살아간다. 사람들은 자신이 항상 옳은 것은 아니라는 사실을 잘 알고 있지만, 불행하게도 실제로 자신이 판단을 내릴 때에는 이를 거의 문제삼지 않는다.

　　　　　　　　　　　　　　　　　　　　　　　　　　　　　　　－ 존 스튜어트 밀, 『자유론』

도덕 원리 (대전제)	규범적 차원에서 보편화가 가능한지 검토해야 한다. ⑩ 교칙을 위반하는 것은 옳지 않다.
사실 판단 (소전제)	개념과 사실관계를 명확하게 해야 한다. ⑩ 손톱에 매니큐어를 칠하는 것은 교칙을 위반하는 것이다.
도덕 판단 (결론)	도덕 판단을 객관적인 입장에서 검토해 보고, 규범적 차원에서 보편화가 가능한지, 전제와 결론 사이에 논리적 오류를 범하지는 않았는지 점검해야 한다. ⑩ 손톱에 매니큐어를 칠하는 것은 옳지 않다.

잠깐

도덕 판단
- 일반적 도덕 판단(도덕 원리) : 모든 사람이나 행위, 성품 전체에 대해 보편적으로 평가하여 내리는 도덕 판단
  ⑩ 사람은 정직해야 한다.
- 개별적 도덕 판단 : 특정한 개인의 인격이나 성품 또는 개별적 행위에 대한 도덕 판단 ⑩ 내 친구 철수는 정직하다.

바로 바로 CHECK√

다음과 같은 도덕 판단을 포함하는 개념으로 적절한 것은?

- 사람은 누구나 정직해야 한다.
- 나쁜 거짓말을 해서는 안 된다.
- 다른 사람의 물건을 훔치면 안 된다.

① 도덕적 갈등 상황 ❷ 도덕 원리
③ 사실 판단 ④ 개별적 도덕 판단

③ 정당화 근거의 타당성 확보

㉠ 사실 근거 검토 : 제시된 사실의 참·거짓 검사를 하고, 도덕 원리와 사실 근거의 관련성을 검사해야 한다.

㉡ 도덕 원리 검토 : 도덕 판단의 근거로 제시된 도덕 원리를 받아들일 수 있는지 검토해 보는 것이다. → 도덕 원리가 적절하지 않으면 도덕 판단도 잘못된 것

㉢ 도덕 원리의 검토 방법

포섭 검사	선택한 도덕 원리를 더 일반적인 도덕 원리에 따라 판단해 보는 방법 ⑩ 표절 행위는 도둑질을 하는 것과 같으므로 나쁘다.
반증 사례 검사	상대방의 원리 근거나 가치관에 반대되는 사례를 제시해 보는 방법 ⑩ 누구나 좋아하는 것을 할 수 있어야 한다. → 개인이 좋아하면 폭력과 도둑질 등도 허용할 수 있는가?
보편화 결과 검사	상대방의 주장을 모든 사람에게 보편적으로 적용했을 때 나타날 수 있는 결과를 예상하여 검토해 보는 방법 ⑩ 교통 법규를 어긴 사람이 바쁘다고 해서 그냥 보냈다. → 교통질서가 어떻게 될까?
역할 교환 검사	상대방의 주장을 받아들일 경우 고통받을 사람의 입장에서 생각해 보는 방법 ⑩ 급해서 버스의 승차를 새치기하였다. ↪ 급한데 뒤에 있는 사람이 새치기를 했다.

2 윤리적 성찰과 실천

(1) 윤리적 성찰의 의미와 중요성

① 의미 : 생활 속에서 자기가 가지는 마음, 하는 일이나 행동, 발생한 문제에 대해 윤리적 관점에서 깊게 생각하고 살피는 태도를 말한다.

② 중요성

 ㉠ 도덕적 자각 계기 : 윤리적 성찰을 통해 자신의 존재를 자각함으로써 도덕적 삶을 살 수 있다.

 ㉡ 인격의 함양 : 도덕적 자신의 성장을 도모하여 참된 인격을 갖출 수 있도록 한다.

 ㉢ 올바른 가치관 형성 : 자신의 삶의 옳고 그름에 대한 판단과 자기 정당화를 방지할 수 있다.

(2) 윤리적 성찰의 종류와 방법

① 개인적 성찰 : 자신의 경험과 앞으로 지향해야 할 행동, 인격의 유형에 대해 성찰하는 것으로 성찰 일기 쓰기, 성찰 독서 감상문 쓰기 등의 방법이 있다.

② 사회적 성찰 : 사회적 맥락에서 성찰하거나, 집단 내 구성원들과의 논의 및 토론의 과정을 통하여 협력적으로 이루어지는 성찰을 말한다.

③ 동·서양의 전통적 성찰 방법 중요⁺

 ㉠ 동양

유 교	• 증자가 제시한 일일삼성(一日三省) : 하루에 세 가지를 살핀다는 뜻으로 하루에 세 번씩 자신의 행동이나 생각을 반성하고 개선함 • 거경(居敬)의 수양 : 마음을 한곳으로 모아 흐트러짐이 없이 함 • 신독(愼獨) : 홀로 있을 때도 도리에 어긋나지 않도록 몸과 마음을 바르게 함 → 거경의 실천 방법 중 하나 • 퇴계 이황 : 학식을 넓혀 내면의 심성을 닦는 함양(涵養)과, 몸으로 익혀 실천하는 체찰(體察)을 강조함
불 교	참선 : 인간의 참된 삶과 맑은 본성을 깨닫기 위한 수행법

 ㉡ 서양

소크라테스	자기 성찰의 중요성을 강조(산파술) → "성찰하지 않는 삶은 살 가치가 없다."
아리스토텔레스	중용(中庸) 강조 : 마땅한 때에, 마땅한 일에 대하여, 마땅한 사람에게, 마땅한 동기로 느끼거나 행함

④ 토론을 통한 성찰 　중요+

　　㉠ 토론의 의미 : 윤리적 문제에 대해 관심을 가지고 있는 사람들이 개인적 성찰을 토대로 서로 의견을 교환하며 문제를 공동으로 해결하는 과정을 말한다.

　　㉡ 토론의 과정 : 주장하기 → 반론(반박)하기 → 재반론(방어)하기 → 정리하기

　　㉢ 토론의 필요성 : 인식과 판단에서의 오류를 정정할 수 있고, 당면한 윤리 문제에 대해 바람직한 해결 방안을 찾을 수 있다.

⑤ 윤리적 성찰과 토론을 위한 자세

　　㉠ 역지사지(易地思之) : 다른 사람의 입장에서 생각하는 자세

　　㉡ 혈구지도(絜矩之道) : 자기의 처지를 미루어 남의 처지를 헤아리는 자세

　　㉢ 충서(忠恕) : 자신의 정성을 다하는 충(忠)과 자신을 미루어 남에게 미치는 서(恕)의 정신을 바탕으로 상대방을 이해하는 자세

> **잠깐**
> **증자의 일일삼성**
> "나는 매일 세 가지로 나 자신을 반성한다. '남을 위해서 일을 하는 데 정성을 다하였는가?', '벗들과 함께 서로 사귀는 데 신의를 다하였는가?', '스승에게 배운 것을 익히고 실천했는가?'"

> **잠깐**
> **토론을 위한 바람직한 태도**
> • 민주적인 분위기에서 진행
> • 소수 의견도 존중하는 자세
> • 상대의 의견을 경청하고 존중하는 태도
> • 주제에 맞는 발언과 합의를 이루려는 태도

(3) 윤리적 실천

① 윤리적 실천의 조건 : 도덕적 탐구와 윤리적 성찰을 조화시켜야 한다.

② '윤리함'의 의미 : 도덕적 탐구와 윤리적 성찰을 바탕으로 도덕적 행위를 실천으로 옮기는 일체의 활동 과정을 말한다.

③ 윤리적 실천을 위한 자세 : 도덕적 습관을 기르고, '선의지'를 강화하도록 한다.

> 선의지　　검색
> 선(善)을 행하고자 하는 순수한 동기에서 나온 의지

알아두면 점수따는 이야기　　　　　　　　　성찰하는 삶의 중요성

　여러분은 재물과 명성과 명예에 대해서는 최대한 마음을 쓰지만, 사리 분별과 진리 그리고 정신의 훌륭함에 대해서는 생각도 않고 염려하지도 않습니다. 이 점이 부끄럽지 않습니까? 재물에서 덕이 생기는 것이 아니라 덕에 의해 재물이나 그 밖의 모든 것이 사적으로든 공적으로든 좋은 것이 됩니다. … 저는 온종일 어디서나 여러분에게 달라붙어서 여러분을 일깨우고 설득하며 나무라기를 절대 그만두지 않는 그런 사람으로서 말씀입니다.　　－ 플라톤, 『소크라테스의 변론』

심화학습 도덕적 갈등과 도덕적 논쟁

1) 도덕적 갈등 : 복잡하고 다양한 이해관계 속에서 인간의 욕구와 도덕규범 또는 도덕규범들 사이에 충돌이 일어나는 상황

2) 도덕적 논쟁 : 같은 윤리 문제에 대해 서로 다른 도덕 판단을 내리면서 각각 자신의 판단이 옳음을 주장할 때 발생하는 것으로, 도덕적 갈등 상황을 해결하기 위한 것

01 | 현대 생활과 실천 윤리

1 윤리학의 구분

규범 윤리학	어떻게 행동해야 하는가에 대한 보편적 원리 탐구 → 이론 윤리학과 실천 윤리학으로 나뉨	
	이론 윤리학	공리주의, 덕 윤리론, 의무론 등
	실천 윤리학	환경 윤리, 생명 윤리, 정보 윤리, 문화 윤리 등
메타 윤리학	도덕적 언어 의미 분석, 도덕적 추론의 타당성 입증, 학문적 가능성 연구	
기술 윤리학	도덕적 풍습이나 관습의 묘사, 객관적 기술	

2 새로운 윤리 문제의 등장

1) 특징

- 전통 윤리 규범만으로 해결에 한계 → 배아 복제 문제 등
- 파급 효과 광범위한 영역, 미래 사회에 영향 → 경제 성장과 환경 보전의 갈등 등
- 책임의 소재 판단 어려움 → 환경오염 문제 등

2) 새로운 윤리의 핵심 쟁점

생명 윤리	생명 과학 기술의 발달로 발생하는 윤리적 문제
성과 가족 윤리	성 상품화 허용, 고령화 시대의 가족 윤리 문제 등
과학·정보 윤리	과학 기술의 가치 중립적 문제, 사이버 공간과 현실의 윤리 차이 문제 등
환경 윤리	환경 보호의 의무와 책임 문제
사회 윤리	공정한 분배 기준의 문제, 사회적 약자에 대한 우대 정책 등
문화 윤리	예술과 외설 구분 문제 등

02 | 현대 윤리 문제에 대한 접근

1 동양 윤리의 접근

유교 윤리	• 공자 : 인(仁)의 실천과 덕목으로 충서(忠恕), 효제(孝悌), 오륜(五倫) • 맹자 : 인간은 선한 본성(사단, 四端) 소유, 성인(聖人)·군자(君子) 가능 • 도덕 공동체 실현 중시 : 정명(正名) 사상(공자), 대동 사회(이상 사회) 　→ 도덕적 해이 현상의 극복, 인간성 상실과 이기주의 해결에 도움
불교 윤리	• 연기의 깨달음, 자비(慈悲)의 마음, 열반·해탈의 이상적 경지 • 평등·주체적 세계관 → 생명 경시 풍조, 환경 파괴 등의 문제에 도움
도가 윤리	• 노자 : 무위자연(無爲自然)의 삶 강조 • 장자의 좌망과 심재, 소국과민(이상 사회), 진인·신인(이상적 인간)

2 서양 윤리의 접근

1) 의무론적 접근

칸트의 의무론	• 도덕 법칙 : 그 자체가 선(善)이기 때문에 무조건적으로 수행해야 하는 도덕 법칙, 즉 정언 명령의 형식으로 제시 • 도덕적 행동 : '선의지'의 지배를 받아야 하며, 도덕 법칙을 존중하는 '의무 의식'에서 나와야 함 → 도덕성 판단은 결과보다 동기를 중시

2) 공리주의적 접근

벤담	양적 공리주의 → '최대 다수의 최대 행복'을 추구, 쾌락 계산 가능
밀	질적 공리주의 → '쾌락의 양뿐만 아니라 질적 차이'까지 고려

3) 현대의 윤리적 접근

덕 윤리	행위자 중심의 윤리, '품성의 바름'을 추구, 공동체 구성원의 삶 강조
배려 윤리	사랑과 모성적 배려를 강조, 길리건, 나딩스 등
기 타	책임 윤리 : 요나스, 담론 윤리 : 하버마스

03│윤리 문제에 대한 탐구와 성찰

1 도덕적 추론과 도덕 판단

형식 : 　도덕 원리　 + 　사실 판단　 ⇒ 　도덕 판단

도덕 원리(대전제)	규범적 차원에서 보편화가 가능한지 검토해야 함 예 교칙을 위반하는 것은 옳지 않다.
사실 판단(소전제)	개념과 사실 관계를 명확하게 해야 함 예 손톱에 매니큐어를 칠하는 것은 교칙을 위반하는 것이다.
도덕 판단(결론)	도덕 판단을 객관적인 입장에서 검토, 규범적 차원에서 보편화가 가능한지, 논리적 오류를 범하지는 않았는지 점검해야 함 예 손톱에 매니큐어를 칠하는 것은 옳지 않다.

2 윤리적 성찰과 실천

동 양	• 유교 : 증자 - 일일삼성(一日三省), 거경의 수양과 신독, 이황(체찰 강조) • 불교 : 참선
서 양	• 소크라테스 : 자기 성찰의 중요성을 강조(산파술) → "성찰하지 않는 삶은 살 가치가 없다." • 아리스토텔레스 : 중용(中庸) 강조
성찰 · 토론	• 역지사지(易地思之), 혈구지도(絜矩之道), 충서(忠恕)의 자세

1 윤리학의 구조

① 규범
② 공리주의, 덕 윤리론, 의무론 등

2 동양 윤리의 접근

유교 윤리	• 공자 : ___③___ (仁) 실천, 정명(正名) 사상, 대동 사회(이상 사회)
불교 윤리	• 연기의 깨달음, 자비(慈悲)의 마음
도가 윤리	• 노자 : 무위자연(無爲自然), 장자 : 좌망과 심재 ___④___ (이상 사회)

③ 인(仁)
④ 소국과민

3 서양 윤리의 접근

의무론적 접근	• ___⑤___ 의 의무론 : 도덕 법칙 → 정언 명령의 형식 제시
공리주의적 접근	• 벤담 : ___⑥___ 공리주의(계산 가능) → '최대 다수의 최대 행복'을 추구 • 밀 : 질적 공리주의
배려 윤리	• 길리건, 나딩스 등
책임 윤리	• 요나스
담론 윤리	• 하버마스

⑤ 칸트
⑥ 양적

4 도덕적 추론과 도덕 판단

형식 : 도덕 원리 + 사실 판단 ⇒ ___⑦___ 판단

도덕 원리	교칙을 위반하는 것은 옳지 않다.
사실 판단	손톱에 매니큐어를 칠하는 것은 교칙을 위반하는 것이다.
도덕 판단	손톱에 매니큐어를 칠하는 것은 옳지 않다.

⑦ 도덕

5 윤리적 성찰

동 양	• 증자 – ___⑧___ (一日三省), 불교 : 참선
서 양	• 소크라테스 : 산파술, 아리스토텔레스 : 중용(中庸)

⑧ 일일삼성

1. 관련 있는 내용을 보기에서 골라 ( ) 안에 쓰시오.

> ㉠ 메타 윤리학　　　　　㉡ 윤리적 공백
> ㉢ 칸트의 의무론　　　　㉣ 도덕적 상상력

1) 이성의 도덕적 숙고가 과학 기술의 발전 속도를 따라잡지 못할 뿐만 아니라 과학 기술이 미치는 영향을 충분히 고려하지 못함에 따라 생기는 간극이다. ( )
2) 도덕 언어의 의미를 분석, 도덕적 추론의 타당성을 입증하는 것을 주된 목표로 한다. ( )
3) 도덕적 문제 상황을 여러 측면에서 이해하는 사고로서 자신의 행동이 타인에게 어떤 영향을 미칠지 예측할 수 있다. ( )
4) 행위의 결과보다 동기를 중시하고, 보편적인 도덕 법칙을 '정언 명령'의 형식으로 제시하였다. ( )

2. 다음 설명이 맞으면 ○표, 틀리면 ×표를 하시오.

1) 벤담의 양적 공리주의는 '최대 다수의 최대 행복'을 강조하고, 쾌락을 계산할 수 있다고 보았다. ( )
2) 밀의 질적 공리주의는 쾌락의 양뿐만 아니라 질의 차이도 고려해야 한다고 하였다. ( )
3) 행위 공리주의는 '어떤 규칙이 최대의 유용성을 가져오는가?'를 중시한다. ( )
4) 도덕적 추론의 형식은 도덕 원리＋사실 판단 ⇒ 도덕 판단으로 이루어진다. ( )
5) 토론은 일반적으로 주장하기 → 반론하기 → 재반론하기 → 검토 및 정리하기의 순서로 이루어진다. ( )

3. 서로 관련된 내용으로 바르게 연결하시오.

1) 공자　　●　　　　● ㉠ 정명(正名) 사상
2) 불교　　●　　　　● ㉡ 무위자연
3) 노자　　●　　　　● ㉢ 자비(慈悲)의 마음
4) 증자　　●　　　　● ㉣ 일일삼성(一日三省)

1.
1) (㉡)
2) (㉠)
3) (㉣)
4) (㉢)

2.
1) (○)
2) (○)
3) (×)
　규칙의 유용성을 강조하는 것은 규칙 공리주의이다.
4) (○)
5) (○)

3.
1) – ㉠
2) – ㉢
3) – ㉡
4) – ㉣

01 윤리학의 분류에 대한 설명으로 옳은 것은?

고난도

① 메타 윤리학은 도덕적 관습에 대해 단순히 기술하는 학문이다.
② 규범 윤리학은 도덕적 언어의 의미를 분석하고 도덕적 추론의 타당성을 입증한다.
③ 이론 윤리학은 문제 상황과 관련된 사실적 지식을 토대로 도덕 문제를 해결하고자 한다.
④ 응용 윤리학은 이론 윤리학의 내용을 응용하여 구체적 삶의 도덕 문제를 해결하고자 한다.

02 다음 빈칸에 들어갈 내용으로 옳은 것은?

> 요나스는 이성의 도덕적 숙고가 과학 기술의 발전 속도를 따라잡지 못할 뿐만 아니라 과학 기술이 미치는 영향을 충분히 고려하지 못함에 따라 생기는 간극을 (   )(이)라고 불렀다.

① 윤리적 공백
② 정체성 위기
③ 아노미 현상
④ 도덕적 행위

03 다음 설명에 해당하는 윤리학은?

> 도덕적 행위에 대한 이론적 탐구와 정당화를 통해 현실의 윤리적 문제의 해결을 위한 토대를 제공하였다.

① 메타 윤리학
② 이론 윤리학
③ 응용 윤리학
④ 기술 윤리학

01
①은 기술 윤리학, ②는 메타 윤리학, ③은 응용(실천) 윤리학에 대한 설명이다.

02
윤리적 공백이란 과학 기술의 발달 속도를 기존 윤리 의식이 따라잡지 못해 발생하는 간극(차이)을 일컫는 말로, 요나스(Jonas)는 이러한 윤리적 공백이 발생함에 따라 새로운 윤리로서 책임 윤리의 필요성을 강조하였다.

03
이론 윤리학에 대한 설명으로 공리주의, 덕 윤리, 의무론 등이 해당된다.

ANSWER

01. ④ 02. ① 03. ②

04 다음과 가장 관련 있는 응용 윤리의 분야는?

> • 낙태　　　　　　• 유전자 복제
> • 생식 보조술

① 환경 윤리　　　　② 정보 윤리
③ 생명 윤리　　　　④ 직업 윤리

05 다음 주제들을 다루는 응용 윤리 분야로 가장 적절한 것은?

> • 자연은 개발의 대상인가, 보전의 대상인가?
> • 탄소 배출 방안과 관련된 윤리적 쟁점은 무엇인가?

① 성 윤리　　　　　② 환경 윤리
③ 정보 윤리　　　　④ 문화 윤리

06 (가)에 들어갈 윤리적 용어는?

> 검색　　(가)　　🔍
> • 도가의 이상적인 삶의 자세이다.
> • 억지로 무엇을 하지 않고 자연의 순리대로 따르는 삶을 의미하는 것이다.

① 정명(正名)　　　　② 연기설(緣起說)
③ 무위자연(無爲自然)　④ 홍익인간(弘益人間)

04
제시된 내용과 관련된 응용 윤리는 생명 공학 기술 발달에 따른 윤리적 문제인 '생명 윤리'의 분야이다.

05
환경 윤리는 인간은 자연으로부터 독립된 존재가 아니라 자연의 일부이며, 다른 생명체와 상호 보완적 관계가 있다는 것으로, 자연은 그 자체로서 도덕적으로 존중받을 가치를 지닌다는 점을 강조하였다.

06
(가)에 들어갈 윤리적 용어는 도가의 이상적인 삶의 자세인 무위자연(無爲自然)이다.
① 정명(正名) : 유가의 공자-자신이 맡은 사회적 임무와 역할에 충실
② 연기설(緣起說) : 불교
④ 홍익인간(弘益人間) : 단군의 건국 이념

ANSWER
04. ③　05. ②　06. ③

07 다음 내용과 관련된 윤리로서 옳은 것은?

> 인(仁)은 사람의 마음이요, 의(義)는 사람의 길이다. 그 길을 버리고 가지 않으며, 그 마음을 놓아 버리고 찾지 않으니 슬프구나. 사람들은 기르던 개나 닭을 잃어버리면 찾으면서도 마음을 잃어버리면 찾으려 들지 않는다. 학문의 길이란 다른 것이 아니다. 그 잃어버린 마음을 찾는 것이다.

① 도가 윤리   ② 유교 윤리
③ 불교 윤리   ④ 덕 윤리

07
제시된 내용은 『맹자』에 담긴 글이다. 유교에선 인(仁)의 실천 방법으로 경(敬)과 성(誠)을 제시하였다.

08 ㉠에 들어갈 내용으로 가장 적절한 것은?
고난도

> 주제 : _____ ㉠ _____
> • 공자 : 인(仁)을 타고난 내면적 도덕성으로 보고, 인의 실천을 강조하였다.
> • 맹자 : 인간은 누구나 선한 본성을 가지고 있어 성인이나 군자가 될 수 있다.

① 도덕적 인격 완성 중시
② 자연과 인간의 조화 추구
③ 평등적 세계관 제시
④ 자연스럽고 소박한 삶 강조

08
유교에서는 하늘의 의지가 인간에게 반영된 것으로 보았으며, 도덕적 인격 완성을 중시하였다.

09 오륜(五倫)의 덕목 중 친구 간의 믿음을 강조한 것은?
기출
① 부자유친(父子有親)   ② 붕우유신(朋友有信)
③ 군신유의(君臣有義)   ④ 장유유서(長幼有序)

09
오륜(五倫)은 유교에서 말하는 5가지 실천 덕목으로서 친구 간의 믿음을 강조한 것은 붕우유신이다.

ANSWER
07. ② 08. ① 09. ②

10 다음 중 용어와 내용이 바르게 연결된 것은?

> ㄱ. 천인합일-도가 ㄴ. 보살-불교
> ㄷ. 제물-불교 ㄹ. 대동 사회-유교

① ㄱ, ㄴ ② ㄱ, ㄷ
③ ㄴ, ㄹ ④ ㄷ, ㄹ

11 칸트(Kant, L.)의 의무론에 대한 설명으로 옳지 <u>않은</u> 것은?

① 도덕적 의무에 따른 행동 강조
② 행위의 동기보다는 결과를 중시
③ 정언 명령의 형식으로 도덕 법칙을 제시
④ 인간 존엄성과 보편적 윤리의 중요성 강조

12 ㉠에 들어갈 용어로 옳은 것은?

> 칸트(Kant, I.)는 도덕 법칙을 "너의 의지의 준칙이 언제나 동시에 보편적 법칙이 될 수 있도록 행위하라." 라는 (㉠)의 형식으로 제시하였다.

① 가언 명령 ② 정언 명령
③ 연역 논리 ④ 귀납 논리

13 윤리적 의사결정 과정에서 다음의 내용을 중시하는 윤리 사상은?

> • '선을 행하고 악을 피하라'라는 핵심 명제를 강조한다.
> • 어떤 행위가 자연의 질서에 부합하는지 아니면 어긋나는지를 검토한다.

① 덕 윤리   ② 배려 윤리

③ 담론 윤리   ④ 자연법 윤리

14 기출 다음에서 설명하는 사상가는?

> • '최대 다수의 최대 행복'이라는 도덕 원리를 제시하였다.
> • 모든 쾌락은 질적으로 동일하며 양적인 차이만 있다고 보았다.

① 밀   ② 벤담

③ 칸트   ④ 베버

15 기출 다음 사상가가 공통으로 주장하는 윤리적 접근 방법은?

> • 벤담(Bentham, J.) : 쾌락은 양적인 차이만 존재할 뿐이며, '최대 다수의 최대 행복'을 통해 사회 전체의 행복을 증진해야 한다.
> • 밀(Mill, J. S.) : 쾌락의 양뿐만 아니라 질적 차이도 고려해야 하며, 정신적 쾌락이 더 수준 높은 쾌락이다.

① 공리주의적 접근   ② 책임 윤리적 접근

③ 배려 윤리적 접근   ④ 담론 윤리적 접근

13
자연법 윤리는 인간의 본성에 기초한 의무론적 윤리설로, 윤리적 의사결정 과정에서 선을 행하고 악을 피하라는 핵심 명제를 강조한다.

14
제시된 내용은 벤담의 행위 공리주의(양적 공리주의)이다. 행위 공리주의는 행위의 결과를 중시하고, '어떤 행위가 최대의 유용성을 낳는가'를 기준으로 한다. 특히, 벤담은 쾌락을 산출하고 고통을 피하는 결과를 낳는 행위를 옳다고 보았다.
① 밀(질적 공리주의)
③ 칸트(의무론적 윤리설)
④ 베버(프로테스탄티즘의 윤리가 자본주의 정신과 결합)

15
제시된 사상가가 공통으로 주장하는 윤리적 접근 방법은 '공리주의적 접근'이다. 벤담의 행위 공리주의는 양적 공리주의이며, 밀의 행위 공리주의는 질적 공리주의이다.

ANSWER
13. ④   14. ②   15. ①

16 기출 다음 내용이 공통으로 설명하는 윤리적 접근은?

- 윤리적으로 옳고 선한 결정을 하려면 먼저 유덕한 품성을 길러야 한다고 주장한다.
- 공동체와 분리된 추상적 개인이 아니라 공동체 구성원으로서의 인간의 삶에 관심을 갖는다.

① 의무론적 접근　　　② 덕 윤리적 접근
③ 공리주의적 접근　　④ 담론 윤리적 접근

16
'덕 윤리적 접근'에서는 덕 있는 행동, 즉 유덕(有德)한 행동을 길러야 한다는 것을 강조한다.
① 행위의 결과가 아닌 행위 자체의 동기나 과정을 중시한다.
③ 행위의 결과가 가져다 줄 쾌락과 행복이 기준이 된다.
④ 옳고 그름에 대한 정당성을 공적 담론, 즉 의사소통 과정에서 찾으려 한다.

17 기출 (가)에 들어갈 윤리 사상가는?

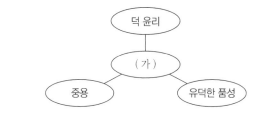

① 롤스　　　　　　② 하이데거
③ 소크라테스　　　④ 아리스토텔레스

17
'덕 윤리'는 행위의 옳고 그름을 판단하는 도덕 원리가 아니라 행위자의 품성과 덕성을 중시하는 것으로 덕 있는 행동, 즉 유덕(有德)한 행동을 길러야 한다는 것을 강조한다. 동양에서는 유교의 인(仁)과 불교의 자비(慈悲)에서 발견할 수 있고, 서양의 아리스토텔레스는 지적인 덕과 품성적인 덕이 조화를 이룬 덕이 완성된 인간을 이상적으로 보았으며, 덕을 실천하려는 의지와 태도를 강조(중용, 中庸)하였다.

18 다음과 관련된 배려 윤리의 대표적인 사상가는?

- 상황에 대한 배려 없이 특정 덕목을 주입하려는 시도를 거부하며 배려적 관계를 중시
- 여성의 대표적 성향인 타인에 대한 배려, 보살핌, 유대감, 상호 의존성 등을 중시
- 윤리적 배려가 아닌 자연적 배려를 중시

① 나딩스　　　　　② 하버마스
③ 요나스　　　　　④ 매킨타이어

18
② 하버마스 : 담론 윤리의 대표적인 사상가
③ 요나스 : 책임 윤리의 대표적인 사상가
④ 매킨타이어 : 덕 윤리 사상가로 아리스토텔레스의 덕 전통을 계승

ANSWER
16. ② **17.** ④ **18.** ①

19
다음 중 배려 윤리의 특징을 모두 고른 것은?

> ㄱ. 공감 중심 ㄴ. 자기중심
> ㄷ. 관계 중시 ㄹ. 이윤 중시

① ㄱ, ㄴ ② ㄱ, ㄷ

③ ㄴ, ㄹ ④ ㄷ, ㄹ

19

배려 윤리는 기존의 형식과 이성, 권리, 도덕 법칙에 치중하는 정의 중심적 윤리의 대안으로 제시되었다. 이성보다는 감성을 인간의 본성으로 보고, 사랑, 자비, 배려, 공감, 감수성, 사회적 관계와 맥락을 중시한다. 대표적인 사상가로 길리건, 나딩스 등이 있다.

20
요나스(Jonas, H.)의 책임 윤리에 대한 설명으로 옳은 것은?

① 과거 지향적인 인과적 책임만을 강조한다.

② 선한 동기만으로 도덕성을 평가해야 한다고 본다.

③ 책임의 범위를 생태계 전체까지 확대해야 한다고 본다.

④ 의도하지 않은 행위는 책임질 필요가 없다고 주장한다.

20

요나스의 책임 윤리는 과학 기술의 발달과 그것을 따라가지 못하는 윤리 사이의 차이인 '윤리적 공백'이 발생함에 따라서 필요성이 제기되었다. 요나스는 인간은 책임질 능력이 있는 유일한 존재이므로 인간이 책임을 져야만 하는 의무가 있다고 보고, 책임의 범위를 현 세대뿐만 아니라 미래 세대 및 자연과 생태계 전체로 확대할 것을 요구하였다.

21
다음 내용을 주장한 사상가는?

> • 의사소통의 합리성을 강조함
> • 이상적 담화 상황 조건으로 진리성, 정당성, 진실성, 이해 가능성을 제시함

① 벤담 ② 레건

③ 길리건 ④ 하버마스

21
① 벤담 : 공리주의
② 레건 : 동물 권리론
③ 길리건 : 배려 윤리

ANSWER

19. ② 20. ③ 21. ④

22 윤리적 탐구의 과정을 순서대로 바르게 나열한 것은?

> ㉠ 근거에 대한 검토　　㉡ 윤리적 문제 확인
> ㉢ 도덕 판단과 근거 제시　㉣ 대안의 도출

① ㉠－㉡－㉣－㉢　　　② ㉡－㉠－㉢－㉣
③ ㉡－㉢－㉠－㉣　　　④ ㉢－㉠－㉡－㉣

22
윤리적 탐구의 과정
윤리적 문제 확인 → 도덕 판단과 근거 제시 → 사실 및 원리 근거에 대한 검토 → 최선의 대안 도출 및 해결

23 ㉠에 들어갈 도덕 원리는?

고난도

> • 도덕 원리 : (　　　　　㉠　　　　　)
> • 사실 판단 : 폭력은 타인의 인권을 침해하는 행위이다.
> • 도덕 판단 : 폭력은 옳지 않다.

① 폭력은 필요에 따라 할 수도 있다.
② 폭력은 타인의 인권 침해와 상관이 없다.
③ 타인의 인권을 침해하는 행위는 옳지 않다.
④ 타인의 인권을 침해하는 학생은 나쁜 학생이다.

23
윤리적 탐구의 과정에서 도덕적 추론은 주장을 뒷받침하고 있는 이유의 적절성을 따져 보면서 도덕 판단을 내리는 과정을 말한다. 도덕 원리는 대전제로 규범적 차원에서 보편화가 가능한지 검토하는 것이다.

24 다음 ㉠, ㉡에 들어갈 말로 옳은 것은?

㉠	도덕적 문제 상황을 여러 측면에서 이해하는 사고로서, 자신의 행동이 타인에게 어떤 영향을 미칠지 예측할 수 있다.
㉡	도덕적 민감성과 공감 능력에 근거하여 다른 사람의 욕구나 감정이 무엇인지에 관심을 가지고 그것을 존중해 주는 것이다.

	㉠	㉡
①	배려적 사고	도덕적 상상력
②	도덕적 상상력	배려적 사고
③	비판적 사고	합리적 사고
④	논리적 사고	합리적 사고

24
• 논리적 사고 : 전제로부터 결론 혹은 주장을 타당하게 도출하거나 어떤 주장에 논리적 모순 또는 오류가 있는지 검토하는 것
• 비판적 사고 : 이성적 사고를 바탕으로 객관적인 동의를 받을 수 있는 최선의 판단을 내리고자 하는 합리적·분석적 사고

ANSWER
22. ③　23. ③　24. ②

25 다음에서 설명하는 것은?

기출

> 자신의 도덕적 경험, 삶의 목적 및 이상에 대해 스스로 평가하고 반성하는 것으로 윤리적 실천력을 향상하는 것

① 이기적 실천

② 논리적 사고

③ 윤리적 성찰

④ 창의적 사고

26 다음 (가)의 인물과 관련된 내용으로 연결이 옳은 것은?

> (가)는 하루를 반성하며 다음 세 가지 질문에 대해 매일 자문자답하였다.
> • 다른 사람을 대할 때 진심을 다하였는가?
> • 친구를 사귈 때 믿음과 신뢰를 잃지 않았는가?
> • 스승에게 배운 것을 열심히 익히고 실천했는가?

① 소크라테스–산파술

② 증자–일일삼성

③ 아리스토텔레스–중용

④ 석가모니(불교)–참선

25

윤리적 성찰이란 생활 속에서 자기가 가지는 마음, 하는 일이나 행동, 발생한 문제에 대해 윤리적 관점에서 깊게 생각하고 살피는 태도를 말한다.

26

증자가 제시한 일일삼성(一日三省)은 하루에 세 가지를 살핀다는 뜻으로, 하루에 세 번씩 자신의 행동이나 생각을 반성하고 개선하는 것을 의미한다.

ANSWER

25. ③　**26.** ②

CHAPTER

02

생명과 윤리

02 생명과 윤리

1. 출생과 죽음의 의미와 동·서양의 죽음관, 인공 임신 중절, 자살, 안락사, 뇌사 등의 윤리적 쟁점을 파악한다.
2. 생명의 존엄성에 대한 관점, 생명 복제·유전자 치료와 관련된 생명 윤리 문제, 동물 실험과 동물 권리 논쟁에 대한 윤리적 쟁점 등을 확인한다.
3. 사랑과 성의 의미와 성차별, 성 상품화 등의 윤리 문제를 확인하고, 결혼과 가족 윤리에 대한 내용을 파악한다.

01 삶과 죽음의 윤리

1 출생·죽음의 의미와 삶의 가치

(1) 출생과 생명의 윤리적 의미

① 출생의 생물학적 의미 : 출생이란 태아가 모체와 분리되어 독립적인 생명체를 이루는 현상이다.

② 출생의 윤리적 의미

　㉠ 자연적 성향의 실현 과정 : 자연법 윤리의 관점에서 인간은 자신의 생명과 종족을 보존하고자 하는 성향의 실현 과정이다.

　㉡ 도덕적 주체로서 삶의 시작 : 자신의 행위를 스스로 결정하고 책임지는 도덕적 주체로서의 삶의 출발점이 된다.

　㉢ 가족과 사회 구성원으로서의 삶의 시작 : 공동체 구성원의 일원으로서 인간관계의 시작, 사회의 유지와 존속, 문화의 계승과 발전을 위한 사회적 존재로서의 시작이다.

③ 생명의 윤리적 의미

　㉠ 생명은 일회적이고, 고유하며 유한하다.

　㉡ 생명은 대체 불가능한 본래적인 가치를 지니고 있다.

> **심화학습** 생명의 특징
>
> 1) 일회성 : 생명은 누구에게나 단 한 번만 주어진다.
> 2) 절대성 : 생명은 무엇으로도 대체될 수 없다.
> 3) 유한성 : 누구나 언젠가는 죽음에 이른다.
> 4) 지나간 삶은 돌이킬 수 없다.

(2) 죽음의 윤리적 의미

① 죽음의 의미 : 죽음이란 생물학적인 통합 기능과 인격체로서의 기능을 되돌릴 수 없는 상태로 잃어버리는 것이다.

② 죽음의 윤리적 의미 : 삶과 인간관계의 소중함을 깨닫는 계기가 된다.

③ 동양과 서양의 죽음관

ㄱ 동양의 죽음관

유 교	• 죽음을 자연의 과정으로 여기면서 애도하는 것을 마땅한 일로 보았다. • 공자 : 죽음에 대한 관심보다는 현세의 도덕적 실천의 삶을 강조함
불 교	• 삶과 죽음은 하나, 죽음은 생(生)·노(老)·병(病)과 더불어 인간 고통의 하나이다. • 죽음은 윤회의 과정으로, 현세의 업보(業)에 따라 윤회함
도 가	• 죽음을 자연적이고, 필연적인 과정으로 이해하였다. • 장자 : 삶과 죽음을 기(氣)가 모이고 흩어지는 순환 과정으로 봄

ㄴ 서양의 죽음관

플라톤	죽음은 육체에 갇혀 있는 영혼이 해방되어 '이데아'의 세계로 되돌아가는 것
에피쿠로스	죽음은 원자가 흩어지는 것으로, 죽음을 경험할 수 없기 때문에 두려워할 필요가 없다.
하이데거	죽음에 대한 자각을 통해 삶을 더욱 의미 있고, 가치 있게 살 수 있다.
야스퍼스	죽음은 인간이 피할 수 없는 한계 상황이라고 보았다.

> **잠깐**
>
> **이데아(idea)와 윤회(輪廻)**
> • 이데아 : 플라톤 철학의 중심 개념으로 모든 존재와 인식의 근거가 되는 항구적이며 초월적인 실제를 뜻하는 말이다.
> • 윤회 : 생명이 있는 것은 번뇌와 업에 따라 죽은 뒤 다시 태어나고, 생(生)이 반복된다고 하는 불교 교리의 하나이다.

(3) 죽음의 특징

① 보편성 : 죽음은 사람이라면 누구나 겪게 되는 인생의 한 과정이다.

② 일회성 : 모든 사람은 죽음을 단 한 번밖에 경험할 수 없다.

알아두면 점수따는 이야기   동·서양의 죽음관

• 망막하고 혼돈한 대도(大道) 속에 섞여 있던 것이 변해서 기(氣)가 되고, 기가 변해서 형체가 되고, 형체가 변해서 생명이 되었다. 그리고 이것이 변해서 죽음이 된 것이다.   – 장자, 『장자』

• 죽음은 사실 우리에게 아무것도 아니다. 우리가 살아 있는 한 죽음은 우리와 함께 있지 않으며, 죽음에 이르면 우리는 존재하지 않는다. 죽음은 산 사람이나 죽은 사람이나 모두와 아무런 상관이 없다.   – 에피쿠로스, 『쾌락』

③ 평등성 : 사람은 죽음에 있어서 어떤 조건에 따라 차별을 받지 않는다.

④ 불가피성 : 사람은 어느 누구도 죽음을 피할 수 없다.

⑤ 비가역성 : 죽은 사람은 되살릴 수 없다.

2 출생과 죽음에 관한 윤리적 쟁점

(1) 인공 임신 중절의 윤리적 쟁점

① 인공 임신 중절의 의미 : 인공적으로 태아를 모태에서 분리시켜 제거하는 것(낙태)

② 인공 임신 중절의 윤리적 쟁점   중요⁺

찬성 입장(선택 옹호주의)	반대 입장(생명 옹호주의)
• 소유권 근거 : 태아는 여성 몸의 일부이므로 여성은 태아에 대한 권리를 지님	• 존엄성 근거 : 모든 생명은 존엄하며, 태아는 생명을 가진 인간임
• 자율권 근거 : 인간은 자신의 신체에 대해 자율적으로 선택할 권리를 지님	• 신성불가침 근거 : 잘못이 없는 인간인 태아를 해치는 행위는 옳지 않음
• 정당방위 근거 : 여성은 자기 방어와 정당방위의 권리를 지님	• 잠재성 근거 : 태아는 성숙한 인간으로 발달할 잠재성을 가지고 있음

③ 우리나라의 인공 임신 중절에 대한 입장

　㉠ 『형법』의 낙태죄 조항을 통해 인공 임신 중절을 금지하고 있다.

　㉡ 다만 『모자 보건법』에서 임신 24주 이내의 태아에 대해 일부 예외적인 경우에 한하여 인공 임신 중절을 허용하고 있다.

(2) 생식 보조술의 윤리적 쟁점

① 생식 보조술의 의미 : 자연 임신을 통해 아이를 갖지 못하는 난임 부부가 자녀를 임신할 수 있도록 인공적으로 임신을 유도하는 방법

② 생식 보조술의 종류

　㉠ 시험관 아기 시술 : 부모의 생식 세포를 체외에서 인위적으로 수정시켜 모체 안에 옮기는 방법

　㉡ 대리모 출산 : 체외에서 수정된 수정란을 대리모의 자궁에 착상시켜 출산하는 경우

　㉢ 비배우자 인공 수정 : 배우자가 아닌 다른 사람의 생식 세포를 이용해 인공 수정하여 출산하는 경우

③ 생식 보조술의 윤리적 쟁점

찬성 입장	반대 입장
• 공리주의적 관점 • 난임 부부의 고통을 덜어 줄 수 있음 • 인구의 출생률을 높여 줄 수 있음	• 자연법 윤리 관점 : 생명의 탄생에 인위적으로 개입하는 것은 자연의 섭리에 어긋남 • 윤리적 문제 발생 : 아기의 친권 문제, 대리모의 기형아 출산에 따른 친권 포기 문제, 정자와 난자 판매 문제, 수정란과 배아 처리 문제 등이 발생할 수 있음

(3) 자살의 윤리적 쟁점 중요⁺

① 자살의 윤리적 문제

㉠ 자살은 생명과 삶의 존엄성을 훼손하는 행위이다.

㉡ 자살은 생명의 일회성을 인식하지 못하고, 자기 가능성을 포기하는 행위이다.

㉢ 자살은 가족이나 친구 등 주변 사람들에게 큰 고통을 주는 행위이다.

㉣ 자살은 타인의 동조 자살, 모방 자살 등 사회적 문제로 발전할 수 있다.

→ 베르테르 효과 : 유명인이나 평소 자신이 존경하던 인물이 자살할 경우, 그 인물과 자신을 동일시하여 자살을 시도하는 현상

② 자살의 윤리적 쟁점

㉠ 찬성 입장(공리주의적 관점, 흄) : 인간의 삶과 죽음에 대한 결정권은 인간에게 있으며 자살을 통해 행복을 얻을 수 있다면 스스로 죽음을 선택할 수도 있다.

㉡ 반대 입장

동양	유교	자신의 신체를 훼손하지 않는 것이 효의 시작(불감훼상)
	불교	불살생(不殺生)의 계율에 근거하여 생명을 해치는 것을 금지
	도가	의도적으로 목숨을 끊는 행위는 무위자연의 원리에 어긋나는 것
서양	아리스토텔레스	자살은 불법적인 것이고, 벌을 받아 마땅한 것
	크리스트교	신으로부터 받은 생명을 스스로 끊어서는 안됨
	아퀴나스	자살은 자연법의 원리에 어긋나는 옳지 않은 행위
	칸트	자살은 고통의 상황에서 벗어나기 위해 자신을 수단으로 삼는 행위
	쇼펜하우어	자살은 문제를 해결하는 것이 아니라 회피하는 것

③ 자살 방지 노력

  ㉠ 개인적 노력 : 타인에 대한 이해와 존중의 자세를 갖는다.

  ㉡ 사회적 노력 : 자살 예방 교육 강화, 상담제도 활성화, 사회 안전망 확보 등이 필요하다.

(4) 안락사의 윤리적 쟁점

① 안락사의 의미 : 극심한 고통을 받고 있는 불치의 환자가 고통이 적은 방법으로 죽음에 이르도록 하는 행위이다.

② 안락사 허용의 조건

  ㉠ 환자 자신이 지속적으로 안락사를 원해야 한다.

  ㉡ 참기 어려운 고통의 상태가 지속되어야 하며, 더 이상의 치유 가능성이 없어야 한다.

  ㉢ 안락사의 결정이 올바른지에 대해 미리 환자와 환자의 가족 등과 충분히 의논해야 한다.

  ㉣ 안락사는 의사만이 시행해야 하며, 시행의 모든 상황과 조건에 대한 보고서를 작성해야 한다.

③ 안락사의 구분

  ㉠ 환자의 동의 여부에 따른 구분

자발적 안락사	환자가 안락사를 원하는 상황에서 하는 안락사
반자발적 안락사	환자가 안락사를 원하지 않는 상황에서 하는 안락사
비자발적 안락사	환자가 판단 능력을 상실했거나, 의식이 없을 때 이루어지는 안락사

  ㉡ 시술 행위의 적극성 여부에 따른 구분

적극적 안락사	약물의 주입 등 인위적인 방법으로 환자를 죽음에 이르도록 하는 것
소극적 안락사	연명치료를 중단하는 방법으로 환자를 죽음에 이르도록 하는 것

알아두면 점수따는 이야기   칸트의 자살 반대 논증

자살하려는 사람은 과연 자신의 행위가 목적 그 자체로서의 인간성의 이념과 양립할 수 있는가를 스스로 물을 것이다. 만약 그가 힘겨운 상태에서 벗어나기 위해 자신의 생명을 파괴하는 것이라면, 그는 자신의 인격을 생이 끝날 때까지 견딜 만한 상태로 보존하기 위해 한낱 수단으로 이용하는 것이다. 그러나 인간은 물건이 아니므로 한낱 수단으로 사용될 수 있는 것이 아니며, 오히려 그의 모든 행위에서 항상 목적 그 자체로 보아야 한다.　　　　 — 칸트, 『윤리 형이상학 정초』

④ 안락사의 윤리적 쟁점

찬성 입장	반대 입장
• 인간은 자신의 신체와 생명, 죽음에 대한 권리를 가지고 있음 • 환자는 치료를 거부할 권리와 고통에서 벗어날 권리가 있음 • 환자 가족의 경제적·정신적·심리적 고통을 줄여 줄 수 있고, 의료 자원의 효율적인 사용이 가능해짐(공리주의 관점)	• 모든 인간의 생명은 존엄하며, 인간이 죽음을 선택할 권리를 가지고 있지 않음 • 죽음을 인위적으로 앞당기는 것은 자연의 질서에 부합하지 않음 • 의료인의 기본 의무는 생명을 살리는 것 • 생명 경시 풍조가 나타날 수 있으며, 오·남용될 경우 범죄로 이어질 수 있음

(5) 뇌사의 윤리적 쟁점

① 심폐사(심정지)와 뇌사

ㄱ 심폐사의 의미 : 호흡과 심장, 뇌 활동이 모두 정지된 상태를 말하며, 전통적인 죽음의 기준이다.

ㄴ 뇌사의 의미 : 의학적으로 전체 뇌 활동이 완전히 멈춰 회복할 수 없는 상태가 되는 것을 말한다.

> **잠깐**
>
> **식물인간**
> 대뇌 손상으로 의식은 없으나 뇌간은 손상받지 않아 스스로 호흡과 심장박동을 할 수 있고, 회복할 가능성이 있어 뇌사와 구분된다.

② 뇌사의 윤리적 쟁점

찬성 입장	반대 입장
• 뇌 기능이 정지하면 인간으로서 고유한 활동이 중단됨을 의미함 • 뇌사자의 장기 이식을 통해 다른 생명을 살릴 수 있음 • 환자 가족의 경제적·정신적·심리적 고통을 줄여 줄 수 있음	• 인공 장치에 의해 호흡을 유지할 수 있는 상태는 죽음에 이른 상태라고 보기 어려움 • 뇌사 판정의 오류 가능성이 있음 • 장기 이식을 위해 뇌사 판정이 오·남용될 수 있음 • 생명 연장을 위한 수단으로 취급될 우려가 있음

③ 우리나라 뇌사와 관련된 법 규정 : 『장기 등 이식에 관한 법률』에 따라 뇌사자가 장기 기증을 하는 경우에만 제한적으로 조건부 뇌사를 인정하고 있다.

02 생명 윤리

1 생명 복제와 유전자 치료 문제

(1) 생명 과학과 생명 윤리

① 생명 과학의 의미와 영향

　㉠ 의미 : 생명 현상의 본질과 그 특성을 연구하는 학문을 말한다.

　㉡ 영향

긍정정 영향	• 의학의 발달로 난치병 치료 및 인간 수명 연장 • 새로운 식물 품종 개발과 식량 생산의 증가로 식량 문제 해결에 기여
부정적 영향	• 인간의 존엄성 훼손 및 생명 경시 풍조 확산 • 경제적 이득만을 강조할 경우 생명 가치를 상품화할 수 있음 • 각종 실험에 동물들을 사용하여 동물의 생명을 도구화함

② 생명 윤리의 의미와 필요성

　㉠ 의미 : 생명 과학 기술과 의학의 발전에 따라 발생하는 윤리적 문제와 관련하여 생명을 책임 있게 다루기 위한 방향을 생각해 보는 윤리적 고려

　㉡ 필요성 : 생명 과학 기술과 의학의 발전에 따라 생명이 인위적으로 조작·가공될 수 있게 되면서 생명과 관련된 다양한 윤리적 문제들이 등장하였다.

③ 동·서양의 생명관 : 생명 윤리의 이론적 바탕

> **참고**
> **생명 의료 윤리의 원칙**
> • 자율성 존중 : 의사가 환자를 치료할 때 환자의 자율적 의사를 존중해야 함
> • 악행 금지 : 의사는 치료 과정에서 환자에게 신체적 해악이나 정신적 상처를 주지 않아야 함
> • 선행 : 의사는 환자에게 의술로 선행을 베푸는 것이 의사의 본분임
> • 정의 : 의료 서비스나 자원을 배분할 때에는 공정하게 해야 함

동양	• 유교 : 부모로부터 물려받은 생명을 소중히 여겨야 함 → 효(孝) • 불교 : 생명 보존의 불살생과 연기설을 통해 생명의 상호 의존 관계를 강조 • 도가 : 무위자연(無爲自然)을 강조하며, 인위적인 조작을 부정적으로 인식
서양	• 크리스트교 : 신의 피조물인 생명은 존엄하면서도 일정한 위계를 가짐 • 토마스 아퀴나스 : 자연의 질서를 중요시 함 • 슈바이처의 생명 사상 : "생명을 보존하고 촉진하는 것은 좋은 일이며, 그것을 파괴하고 억제하는 것은 나쁜 일이다."

④ 생명 과학과 생명 윤리의 올바른 관계

　㉠ 공통 목적 : 생명의 존엄성 실현으로 다양한 생명 윤리 문제를 성찰해야 한다.

　㉡ 상호 보완적 관계 : 생명 윤리는 생명 과학의 지식을 바탕으로 제시되어야 하고, 생명 과학은 생명 윤리의 도움을 받아 문제를 최소화 할 수 있어야 한다.

심화학습 　뉘른베르크 강령과 헬싱키 선언

1) 뉘른베르크 강령 : 인체 실험에서 지켜야 할 윤리적 원칙
 • 의학 실험에서 그 대상자는 동의할 수 있는 법적 능력이 있어야 한다.
 • 실험 대상자에게 실험의 성격, 기간, 목적, 방법 등에 관해 알려 주어야 한다.
2) 헬싱키 선언 : 인간을 대상으로 연구하는 의사와 연구자들이 지켜야 할 윤리 원칙
 • 사람을 대상으로 하는 연구는 연구 대상이 되는 사람의 안녕을 우선적으로 고려해야 한다.
 • 실험 대상자는 반드시 지원자이어야 하며, 관련 설명을 듣고 참여해야 한다.

---

(2) 생명 복제의 윤리적 쟁점　중요⁺

① 생명 복제의 의미와 구분

　㉠ 의미 : 어떤 특정한 개체와 동일한 유전자 형질을 가진 새로운 개체(생명체)를 만들어 내는 것

　㉡ 구분 : 동물 복제와 인간 복제

잠깐

배아 복제와 개체 복제
• 배아 복제 : 체세포 핵 이식 기술을 활용하여 세포 복제 후 배아 단계까지만 발생을 진행시키는 것이다.
• 개체 복제 : 체세포 복제로 만들어진 배아를 자궁에 착상하여 완전한 개체로 한 뒤 태어나게 하는 것이다.

② 동물 복제에 대한 입장

찬성 입장	반대 입장
• 동물 복제를 통해 우수한 품종을 개발·유지할 수 있음 • 희귀 동물을 보존하고, 멸종 동물을 복원할 수 있음	• 동물 복제는 자연의 질서에 어긋나는 행위임 • 종의 다양성 훼손과 인간의 유용성을 위한 도구로 이용될 수 있음

③ 인간 복제에 대한 입장

　㉠ 배아 복제에 대한 윤리적 쟁점

찬성 입장	반대 입장
• 배아는 아직 완전한 인간이 아님 • 배아로부터 얻어지는 줄기세포를 이용하여 난치병 치료에 활용할 수 있음	• 배아는 인간의 생명이므로 보호되어야 함 • 복제 과정에서 수많은 난자를 사용하여 여성의 건강과 인권을 훼손할 수 있음

ⓒ 개체 복제에 대한 윤리적 쟁점

찬성 입장	반대 입장
• 자신이 원하는 방식으로 자녀를 낳을 생식의 자유와 권리가 있음 • 불임 부부의 고통을 덜어 줄 수 있음	• 인간의 존엄과 고유성을 훼손할 수 있음 • 인간의 정체성에 혼란을 가져올 수 있음 • 가족 관계에 혼란을 초래할 수 있음 • 자연적 출산 과정에 위배가 됨

ⓒ 우리나라의 개체 복제에 대한 입장 : 2015년 『생명 윤리 및 안전에 관한 법률』에서 인간 개체 복제를 금지하고 있다. 단, 배아 줄기세포를 획득하는 배아 복제를 희귀병·난치병의 치료를 위한 연구 목적에 한하여 제한적으로 허용하고 있다.

심화학습 ─ 배아의 도덕적 지위 논거

1) 종의 구성원 논거 : 배아는 인간 종(種)에 속하며 도덕적 주체가 될 수 있다.

2) 잠재성 논거 : 배아가 인간이 될 수 있는 잠재성을 가지고 있다.

3) 동일성 논거 : 배아가 성장해서 존재할 생명체와 배아는 동일하다.

4) 연속성 논거 : 배아는 선명한 경계선이 없는 연속적인 인간 발달의 과정에 있다.

(3) 유전자 치료의 윤리적 쟁점

① 유전자 치료의 의미와 구분

ㄱ 의미 : 질병을 치료하기 위해 체세포 또는 생식 세포 안에 정상 유전자를 넣어 유전자의 기능을 바로잡거나 이상 유전자 자체를 바꾸는 치료법이다.

ㄴ 구분 : 치료 대상에 따라 체세포 유전자 치료와 수정란이나 배아를 대상으로 하는 생식 세포 유전자 치료로 나뉨

② 체세포 유전자 치료

ㄱ 의미 : 유전 물질을 환자의 체세포에 삽입하여 질병을 치료하는 방법

ㄴ 특징 : 환자 개인의 질병 치료를 위해 제한적으로 허용하고 있다.

③ 생식 세포 유전자 치료의 의미와 윤리적 쟁점

ㄱ 의미 : 수정란이나 발생 초기의 배아에 유전 물질을 삽입하여 질병을 치료하는 방법

> 우생학 ▾ 검색
>
> 인류를 유전학적으로 개량하기 위해 여러 가지 조건과 인자 등을 연구하는 학문으로, 원하는 유전 형질이 나타나도록 처치하는 적극적 우생학과 문제가 되는 유전 형질이 나타나지 않도록 처치하는 소극적 우생학으로 나눌 수 있다.

ⓛ 특징 : 생식 세포에 영향을 주어 변형된 유전적 정보가 후세대에 직접적인 영향을 미치게 되어 윤리적 문제가 있다.

ⓒ 윤리적 쟁점

찬성 입장	반대 입장
• 유전적 치료와 다음 세대의 유전 질환을 예방할 수 있음 • 유전 질환을 물려주지 않으려는 부모의 자율적 선택을 존중 • 새로운 치료법 개발을 통한 경제적 효용 가치를 산출할 수 있음	• 미래 세대의 동의 여부가 불확실함 • 의학적으로 불확실성과 부작용의 가능성이 있음 • 인간의 유전자를 조작하려는 우생학을 부추길 수 있음 • 고가의 치료비로 혜택이 일부에게 치중될 수 있음

2 동물 실험과 동물 권리의 문제

(1) 동물 실험의 윤리적 쟁점

① 동물 실험의 의미와 내용

ⓙ 의미 : 의학, 생명 과학 연구 과정에서 살아 있는 동물을 대상으로 수행하는 실험

ⓛ 내용 : 교육, 연구, 생물학적 약품 생산, 공산품의 안전성 검사 등 광범위하게 이루어지고 있다.

ⓒ 동물 실험의 3R원칙

• 감소(Reduction) : 실험에 이용하는 동물의 수를 감소시켜라.

• 대체(Replacement) : 가능한 한 다른 실험 방법이나 실험 대상으로 대체하라.

• 정교화(Refinement) : 동물의 고통을 최소화하기 위해 실험 절차를 개선하라.

알아두면 점수따는 이야기　　　　　　　　　유전자 치료 관련 법 조항

• 유전자 치료에 관한 연구는 다음 각 호의 모두에 해당하는 경우에만 할 수 있다.

1. 유전 질환, 암, 후천성 면역 결핍증, 그 밖에 생명을 위협하거나 심각한 장애를 불러일으키는 질병의 치료를 위한 연구

2. 현재 이용 가능한 치료법이 없거나 유전자 치료의 효과가 다른 치료법과 비교하여 현저히 우수할 것으로 예측되는 치료를 위한 연구

• 유전자 치료는 배아, 난자, 정자 및 태아에 대하여 시행하여서는 아니 된다.

－ 『생명 윤리 및 안전에 관한 법률』 제47조 －

② 동물 실험의 윤리적 쟁점 중요⁺

찬성 입장	반대 입장
• 인간과 동물의 지위에는 차이가 있고, 인간은 동물을 이용할 수 있음	• 인간과 동물의 존재 지위에는 차이가 없고, 동물을 도구로의 활용은 옳지 않음
• 인간과 동물은 생물학적으로 유사하여 인체 실험의 위험성 감소와 결과는 유효함	• 동물 실험의 결과가 인간에게 동일하게 나타나지 않을 수 있음
• 치료 약, 치료법을 개발하여 인간의 생명과 건강의 증진에 도움	• 다른 가능한 연구의 기회를 막아 의학 발전이 저해될 수 있음
• 동물 실험 이외의 확실한 대안이 없음	• 인간 세포와 조직의 이용, 모의실험 등의 대안적 방법 등이 존재

(2) 동물 권리에 대한 논쟁

① 동물의 권리에 관한 문제들과 쟁점

　㉠ 여러 가지 문제 : 반려동물 학대와 유기, 음식과 의식을 위한 동물 사육, 유희를 위한 동물 활용, 야생 동물의 생존권 위협 등이 있다.

　㉡ 쟁점 : 동물들의 도덕적 지위 인정 여부

② 동물의 권리를 인정하는 입장 중요⁺

　㉠ 벤담 : 동물도 고통을 느끼기 때문에 도덕적으로 고려받을 권리를 가질 수 있다(공리주의 입장).

　㉡ 싱어(동물 해방론) : 동물이 쾌락과 고통을 느끼고 받아들일 수 있는 능력(쾌고 감수 능력)을 갖고 있기 때문에 동물의 이익도 평등하게 고려되어야 하고(이익 평등 고려의 원칙), 종(種)이 다르다는 이유로 차별하는 것은 인종 차별이나 성차별과 다를 바 없다고 주장하였다(종 차별주의 반대).

　㉢ 레건(동물 권리론) : 동물은 지각과 감정을 가지고, 자신의 삶을 영위할 수 있는 주체로서 인간처럼 내재적 가치를 지닌다고 보았다. → 동물을 인간의 목적을 위한 수단으로 이용하는 것은 부당하다.

> **바로바로 CHECK✓**
>
> **다음 중 동물의 도덕적 권리를 인정하는 입장의 사상가는?**
>
> ① 데카르트　　② 아퀴나스
>
> ③ 칸트　　　　❹ 레건

③ 동물의 권리를 인정하지 않는 입장

　㉠ 아리스토텔레스 : 동물은 인간을 위해 존재하기 때문에 인간이 동물을 사용하는 것은 문제가 되지 않는다.

　㉡ 데카르트 : 동물은 '자동 인형' 또는 '움직이는 기계'에 불과하다고 주장하였다.

　　→ 동물은 영혼이나 정신이 없어서 쾌락과 고통을 느낄 수 없다.

ⓒ 아퀴나스 : 식물은 동물을 위해 존재하고, 동물은 인간을 위해 존재한다.

ⓔ 칸트 : 동물에 관한 우리의 의무는 인간성 실현을 위한 간접적인 도덕적 의무에 불과하다. → 아퀴나스와 칸트는 동물을 함부로 다루는 것에 반대하였다. 그 이유는 인간의 품성에 부정적인 영향을 끼치기 때문이라고 하였다.

ⓜ 코헨 : 동물은 윤리 규범의 고안 능력이나 자율성 등이 없으므로 도덕적 권리가 없다. 의학 발전과 인간의 수많은 업적은 동물 실험으로 얻을 수 있었다.

03 사랑과 성 윤리

1 사랑과 성의 관계

(1) 사랑의 의미와 가치

① 사랑의 의미 : 사랑은 인간의 근원적 감정으로서, 어떤 존재를 몹시 아끼고 귀중히 여기는 마음이다.

② 사랑의 가치

ㄱ 인간이 지향하는 정서의 최고 단계로서 인간을 도덕적 생활로 이끌어 준다.

ㄴ 사랑은 인간과 인간 사이의 인격적 교감이 이루어지도록 한다.

③ 프롬(Fromm, E.)의 사랑(『사랑의 기술』)

ㄱ 의미 : "사랑은 적극적인 과정이자 끊임없이 학습하고 노력하여 개발되는 기술(art)이다."

사랑의 3요소(스턴버그)
- 친밀감
- 열정
- 책임(헌신)

알아두면 점수따는 이야기
칸트의 동물 권리에 대한 입장

인간은 동물과 관련해서 직접적 의무를 지지 않는다. 동물은 자의식적이지 못하므로 어떤 목적을 위한 수단일 뿐이다. 그 목적이란 인간이다. 동물에 대한 우리의 의무는 인간에 대한 간접적 의무에 불과하다. 우리가 동물에 대해 의무를 갖는 이유는 그렇게 함으로써 사람에 대한 의무를 계발할 수 있기 때문이다.
— 칸트, 『윤리학 강의록』

ⓛ 구성 요소 중요⁺

보호	사랑하는 사람의 생명과 성장에 대해 지속적인 관심을 가지고 돌보는 것
책임	사랑하는 사람의 욕구를 배려하면서 자신의 행동에 책임을 지는 것
존경	사랑하는 사람을 있는 그대로 받아들이고 인정하며 존경하는 것
이해	사랑하는 사람의 고유한 특성을 알고 그에 대해 제대로 이해하는 것

(2) 성의 의미와 가치

① 성의 의미

생물학적 성(sex)	성염색체의 작용에 따라 신체 구조에 드러난 외적 차이를 바탕으로 구분되는 성별
사회·문화적 성(gender)	사회 안에서 형성되고 습득된 남성다움이나 여성다움
욕망으로서의 성(sexuality)	성적 관심이나 성적 활동 등 성적 욕망과 관련되는 모든 것을 포괄

② 성의 가치

생식적 가치	종족 보존의 측면, 새로운 생명 탄생의 원천 → 책임 있는 자세 필요
쾌락적 가치	• 감각적인 욕구를 충족시켜 주는 가치 • 절제 없는 쾌락은 불쾌감과 고통을 발생시킴 → 쾌락의 역설 : 쾌락을 목적으로 하여 추구하다보면 쾌락이 증대되기보다는 오히려 고통이 증가되는 현상
인격적 가치	• 상호 간의 존중과 배려를 실현하게 해 주는 가치 • 사랑하는 사람과 신체적·정신적으로 하나가 됨을 의미

(3) 사랑과 성의 관계에 대한 관점 중요⁺

보수주의 입장	• 결혼과 출산 중심의 성 윤리를 제시 • 성이 부부간의 신뢰와 사랑을 전제로 할 때만 도덕적이라고 주장 → 혼전·혼외 성적 관계는 부도덕함
중도주의 입장	• 사랑 중심의 성 윤리를 제시 • 성을 결혼과 결부시키지 않으며, 사랑을 동반한 성적 관계는 허용될 수 있다고 주장
자유주의 입장	• 자발적인 동의 중심의 성 윤리를 제시 • 성숙한 성인의 자발적 동의에 따라 이루어지는 성적 관계를 허용, 성에 관한 개인의 자유로운 선택을 중시(해악 금지의 원칙이 전제됨)
공통점	사랑과 성은 서로의 인격을 표현해 주는 것

(4) 성과 관련된 윤리적 문제 중요⁺

① 성차별

- ㉠ 의미 : 남성 혹은 여성이라는 이유로 사회적 · 경제적 · 문화적으로 부당한 대우를 하거나, 권리를 침해당하여 불이익을 받는 것

- ㉡ 사례 : '강한', '독립적인', '적극적인' 특성을 남성다움으로 보고 남성이 그렇지 않을 때 비난하거나, '연약한', '의존적인', '소극적인' 특성을 여성다움으로 보고 이를 여성에게 강요하는 것도 성차별에 해당한다.

- ㉢ 윤리적 문제점
  - ⓐ 인간으로서의 존엄성 · 평등성 훼손과 인권을 침해한다.

배려 윤리 ▾ 검색
대표적인 학자로 나딩스와 길리건 등이 있으며, 맥락과 돌봄, 공감, 동정심, 유대감, 책임 등 배려의 윤리적 가치를 중시한다.

  - ⓑ 남성과 여성 모두의 자아실현을 방해한다.
  - ⓒ 국가 차원에서 인적 자원의 낭비를 초래한다.

- ㉣ 극복 방법 : 양성평등의 관점을 가지고, 남녀의 차이를 인정하며 다양성과 개성을 존중하는 사회를 만들어 가야 한다.

개인적 노력	• 성 역할에 대한 고정관념을 버리고, 남녀 서로에 대한 인격을 존중 • 배려의 태도와 차이를 인정할 줄 아는 자세가 필요
사회적 노력	능력으로만 평가받는 실질적 양성 평등이 이루어지도록 제도의 개선

② 성의 자기 결정권

- ㉠ 의미 : 성 문제에 있어서 외부의 강요 없이 자신의 성적 행동을 스스로 결정하고, 선택할 권리 → 자신이 원하지 않는 성적 행동에 대한 저항권 · 거부권을 포함하며, 자신이 책임질 수 있는 범위 내에서 행사해야 한다.

> 잠깐
> **성의 자기 결정권 행사의 조건**
> • 자율성
> • 책임 의식
> • 타인의 성적 결정권 존중
> • 성적인 방종에 대한 경계

알아두면 점수따는 이야기 프롬이 말한 사랑의 의미

사랑의 능동적 성격은 준다는 요소 외에도, 언제나 모든 사람의 형태에 공통된 어떤 기본적 요소들을 내포하고 있다는 사실에서 분명해진다. 이러한 요소들은 보호, 책임, 존경, 이해 등이다. 사랑에 보호가 포함되어 있다는 것은 자식에 대한 모성애에서 가장 명백하게 나타난다. 어머니가 자식을 충분히 보호하지 않는다면 아무리 어머니의 사랑에 대한 보증을 듣더라도 우리는 진실한 사랑이라고 감동하지 않을 것이다.
— 프롬, 『사랑의 기술』

ⓛ 자기 결정권과 관련된 윤리적 문제

　　ⓐ 타인이 갖는 성의 자기 결정권 침해 : 상대방의 동의 없이 강제로 성적 행위를 하는 것은 상대방이 갖는 성의 자기 결정권을 침해하는 행위이다.

　　ⓑ 생명의 훼손과 인격의 파괴 : 무책임한 성적 행위는 소중한 생명 훼손과 인격의 파괴로 이어질 수 있다.

　ⓒ 해결 방안 : 서로의 인격과 성의 자기 결정권을 존중하며, 자신의 결정에 책임을 지는 자세를 가져야 한다.

③ 성 상품화

　㉠ 의미 : 성을 직접 사고 팔거나 성적 이미지를 소비 충동의 도구로 사용하는 등 인간의 성이나 성적 매력을 직·간접적으로 이용하여 이윤을 추구하는 활동을 말한다.

　㉡ 성 상품화에 대한 찬반 입장

찬성 입장	반대 입장
• 성의 자기 결정권과 표현의 자유 인정 • 자본주의 사회의 이윤 추구 논리는 정당 • 소비자의 선호를 반영하는 것으로 허용 가능	• 인간의 성이 지닌 본래의 가치와 의미를 훼손 • 왜곡된 성의식을 갖게 하며, 외모 지상주의를 조장 • 성 상품화는 인간을 도구화하는 것 　(칸트 윤리의 관점)

2 결혼과 가족의 윤리

(1) 결혼의 윤리적 의미와 부부간의 윤리

① 결혼의 의미

　㉠ 일반적 의미 : 사랑하는 두 사람이 부부의 관계를 맺는 것

　㉡ 윤리적 의미

　　ⓐ 가족 구성의 출발점이자 생명이 태어나는 시작점이다.

　　ⓑ 서로에 대한 책임과 의무를 다하고 사랑을 지키겠다는 약속이다.

　　ⓒ 서로의 차이를 존중하겠다는 의미의 표현이다.

② 부부 간의 윤리 **중요⁺**

동양	• 음양론(陰陽論) : 부부는 균형과 조화를 이루는 상호 보완적인 관계이며, 대등한 관계로 서로 공경해야 한다. • 유교 : 부부는 모든 사회관계의 시작이며, 부부 간 예를 지키는 것에서 군자의 도(道)가 시작된다. <table><tr><td>부부유별</td><td>부부의 역할에 구별이 있으며, 서로 분별 있게 행동해야 함</td></tr><tr><td>부부상경</td><td>부부는 서로를 인격적으로 존중하고 공경해야 함</td></tr><tr><td>상경여빈</td><td>부부는 가장 친밀한 사이지만, 서로 손님같이 공경해야 함</td></tr></table>
서양	• 부부 개인의 자유와 주체성 강조, 부부간의 균형과 조화의 태도를 지향 • 길리건 : 부부는 서로 보살핌을 주고받는 관계가 되어야 한다. • 보부아르 : 부부는 각 주체로서 평등한 관계를 유지해야 한다.

③ 부부 간에 발생하는 문제와 바람직한 윤리

　㉠ 윤리적 문제 : 고정된 성 역할에 따른 가사 분담의 문제, 경제적인 문제, 부모 봉양과 자녀 양육 등에 따른 갈등 문제 등이 있다.

　㉡ 바람직한 부부 간의 윤리 : 부부는 양성평등의 관점에서 각자의 역할에 최선을 다하고, 서로를 동등한 주체로서 존중하며 평등한 관계 유지와 신의를 지켜야 한다.

(2) 가족의 의미 · 가치와 가족 해체 현상

① 가족의 의미 : 혼인, 혈연, 입양 등으로 이루어지는 공동체로서 사회를 이루는 최소 집단이다.

② 가족의 가치

　㉠ 정서적 안정 : 가정에서 심신의 피로나 긴장을 풀고, 정서적으로 안정된 상태를 유지할 수 있다.

　㉡ 사회화 : 사회생활에 필요한 규칙과 예절을 습득하여 바람직한 인격 형성에 도움을 줄 수 있다.

　㉢ 건강한 사회의 토대 : 가족의 화목과 안정은 사회 전체의 화목과 안정으로 이어진다.

　㉣ 생계의 유지 : 재화를 생산·소비하는 사람의 터전으로서 생계를 유지하고 더 나은 삶을 추구한다.

③ 가족 해체 현상

  ㉠ 의미 : 가족 구성원 각자의 역할이나 가족 전체의 기능이 제대로 수행되지 못하는 상태를 말한다.

  ㉡ 원인 : 가족의 형태가 축소되고, 가족 간의 유대감이 약화되었다.

  ㉢ 문제점 : 개인의 삶이 불안하게 되고, 가족 공동체가 와해되면 결과적으로 사회 전체에 부정적인 영향을 끼치게 된다.

(3) 가족 해체 극복 방안으로서의 가족 윤리

① 부모의 윤리

  ㉠ 부모는 자녀에 대한 물질적 부양뿐만 아니라 정신적 훈육도 책임을 진다.

  ㉡ 부모 역할을 통해 자녀를 건강한 인격을 지닌 독립된 인간으로 양육해야 한다.

  ㉢ 부모가 자식에게 지켜야 할 도리 : 자애(慈愛) 중요⁺

   ⓐ 자애(慈愛) : 대가를 바라지 않고, 모든 것을 다 바치는 헌신적 사랑(아가페적 사랑)

   ⓑ 자애의 또 다른 모습 : 자녀가 잘못을 했을 때 사랑을 담아 꾸짖어 자녀가 무엇을 잘못했는지 알게 하는 엄격한 모습

② 자녀의 윤리

  ㉠ 부모에 대한 사랑과 공경의 마음 자세와 부모의 권위를 존중해야 한다.

  ㉡ 자녀가 부모에게 지켜야 할 예절 : 효(孝)의 실천 중요⁺

   ⓐ 효도는 자식이 해야 할 마땅한 도리로서, 부모의 헌신에 감사하는 마음에서 출발한다. → 효도의 기본 : 부모를 공경하는 참된 마음 + 물질적 봉양

   ⓑ 『효경』에서의 효의 실천 방법

불감훼상(不敢毁傷)	신체를 건강하게 보존하는 것이 효의 시작임
봉양(奉養)	부모를 물질적으로 모시는 것
양지(養志)	부모의 뜻을 헤아려 실천하는 것
공대(恭待)	부모님께 표정을 부드럽게 하여 편안한 마음을 지니게 함
불욕(不辱)	부모를 욕되지 않게 해드리는 것
혼정신성(昏定晨省)	저녁 잠자리를 돌보고 아침에 문안 인사를 여쭙는 것
입신양명(立身揚名)	덕을 쌓아 떳떳한 지위를 얻어 후세에 이름을 떨치는 것

③ 형제자매 간의 윤리

　㉠ 형제자매 관계의 특징

　　ⓐ 운명적으로 서로 사랑하면서도 경쟁하는 관계이다.

　　ⓑ 같은 부모에게서 태어나 동기(同氣)라는 점에서 비교적 수평 관계, 태어난 순서로서는 상하관계이다.

　　ⓒ 친구 관계, 남녀 관계 등을 어떻게 행동하는지 배우는 관계이다.

　　ⓓ 인간의 삶 동안 가장 오래 지속되는 관계이다.

바로바로 CHECK√

다음 중 형제자매 간의 윤리에 해당하는 것은?
① 자애　　　　② 효도
③ 불욕　　　　❹ 우애

　㉡ 형제자매 간의 윤리　**중요⁺**

　　ⓐ 우애(友愛) : 형제자매 간에 서로 돕고 양보하며 격려하는 것을 말한다.

　　　→ "형제는 부모의 뼈와 살을 나누어 가진 가까운 사이이므로 더욱 우애가 깊어야 한다."
　　　　ㅡ 『계몽편』

　　ⓑ 형우제공(兄友弟恭) : 형은 아우를 사랑하고, 아우는 형을 공경한다.

　　ⓒ 효제(孝悌) : 부모의 자애로운 사랑에 대한 보답으로 효(孝)를 실천하고, 형제자매 간에 우애롭게 지내는 제(悌)를 실천해야 한다.

심화학습　친구 · 이웃 관계의 윤리

1) 친구 관계의 윤리
　• 신의(信義) : 친구 간 믿음과 의리
　• 권면(勸勉) : 옳은 행동에는 지지와 격려를, 잘못된 행동에는 감정을 헤아리는 진심어린 충고와 조언을 한다.

2) 이웃 관계의 윤리
　• 상부상조의 전통 : 계(협동 조직), 두레(공동 노동 조직), 품앗이(일 대 일 노동 교환 방식)

01 | 삶과 죽음의 윤리

1 출생·죽음의 의미와 삶의 가치

1) 출생·죽음의 특징

출 생	일회성, 절대성, 유한성, 지나간 삶은 돌이킬 수 없음
죽 음	보편성, 일회성, 평등성, 불가피성, 비가역성 등

2) 동·서양의 죽음관

동 양	• 유교 : 공자는 죽음에 대한 관심보다는 현세의 도덕적 실천의 삶을 강조 • 불교 : 죽음은 윤회의 과정으로, 현세의 업보(業)에 따라 윤회한다. • 도가 : 장자는 삶과 죽음을 기(氣)가 모이고 흩어지는 순환 과정
서 양	• 플라톤 : 영혼이 해방되어 이데아의 세계로 되돌아가는 것 • 에피쿠로스 : 죽음을 경험할 수 없기 때문에 두려워할 필요가 없음 • 하이데거 : 죽음의 자각으로 삶을 더욱 의미 있고, 가치 있게 살 수 있음

2 출생과 죽음에 관한 윤리적 쟁점

1) 인공 임신 중절

- 찬성 입장(선택 옹호주의) : 소유권·자율권·정당방위의 근거
- 반대 입장(생명 옹호주의) : 존엄성·신성불가침·잠재성의 근거

2) 생식 보조술

- 찬성 입장 : 난임 부부의 고통 해소, 출생률 증가
- 반대 입장 : 친권 문제, 정자와 난자 판매 문제 등

3) 자살

- 찬성 입장 : 공리주의적 관점, 인간의 결정권
- 반대 입장 : 유교(불감훼상), 불교(불살생), 칸트·쇼펜하우어(회피의 수단)

4) 안락사

- 찬성 입장 : 인간의 권리, 공리주의 관점
- 반대 입장 : 생명의 존엄성, 생명 경시의 풍조

5) 뇌사

- 찬성 입장 : 장기 이식 가능, 환자 가족의 고통
- 반대 입장 : 뇌사 판정의 오류와 오·남용의 가능성

02 | 생명 윤리

1 생명 복제와 유전자 치료 문제

1) 동물 복제

- 찬성 입장 : 우수한 품종을 개발·유지, 동물의 복원
- 반대 입장 : 종의 다양한 훼손, 인간을 위한 도구

2) 인간 복제

　① 배아 복제에 대한 윤리적 쟁점
　　• 찬성 입장 : 난치병 치료　　　　　　　　　• 반대 입장 : 인간의 생명으로 보호
　② 개체 복제에 대한 윤리적 쟁점
　　• 찬성 입장 : 불임 부부의 고통 해소　　　　• 반대 입장 : 인간 존엄성 훼손, 정체성 혼란

3) 유전자 치료

　• 찬성 입장 : 유전 질환 예방, 경제적 효용 가치 산출
　• 반대 입장 : 불확실성과 부작용 가능성, 일부에 혜택

2 동물 실험과 동물 권리의 문제

1) 동물 실험의 윤리적 쟁점

　• 찬성 입장 : 치료 약, 치료법 개발, 생명과 건강 증진
　• 반대 입장 : 인간과 동물 차이가 없고, 대안적 방법 존재

2) 동물 권리에 대한 논쟁

　• 인정 : 싱어(동물 해방론), 레건(동물 권리론)　　• 부정 : 데카르트, 아퀴나스, 칸트, 코헨 등

03 | 사랑과 성 윤리

1 사랑과 성의 관계

1) 사랑의 의미와 가치

프롬	사랑의 구성 요소 : 보호, 책임, 존경, 이해

2) 성의 가치

　• 의미 : 생물학적 · 사회, 문화적 · 욕망으로서의 성
　• 가치 : 생식적 · 쾌락적 · 인격적 가치

3) 성과 관련된 윤리적 문제

성차별	존엄성 · 평등성 훼손과 인권의 침해 → 차이 인정, 개성을 존중
성 상품화	찬성 : 자기 결정권, 표현 자유 인정 ↔ 반대 : 외모 지상주의, 도구화

2 결혼과 가족의 윤리

1) 부부간의 윤리

동 양	음양론, 유교 → 부부유별, 부부상경, 상경여빈 강조
서 양	부부간의 균형과 조화, 길리건(주고받는 관계), 보부아르(평등한 관계)

2) 가족 윤리 : 부모 → 자애, 자녀 → 효의 실천, 형제자매 → 우애, 형우제공

1 죽음의 윤리적 의미

특 징	보편성, ___①___, 평등성, 불가피성, 비가역성 등
동 양	• 유교 : 공자는 현세의 도덕적 실천의 삶을 강조함 • 불교 : 죽음은 ___②___ 의 과정
서 양	• 에피쿠로스 : 경험할 수 없기 때문에 두려워할 필요가 없음 • ___③___ : 죽음의 자각으로 삶을 더욱 의미 있고, 가치 있게 살 수 있음

2 출생과 죽음에 관한 윤리적 쟁점

자 살	
찬성 입장	반대 입장
공리주의적 관점, 인간의 결정권	• 유교(불감훼상), 불교(불살생) • 칸트, 쇼펜하우어(___④___의 수단)

안락사	
찬성 입장	반대 입장
• 인간의 권리, 공리주의 관점	• 인간 존엄성, ___⑤___ 의 풍조

3 동물 권리에 대한 논쟁

인정 입장	부정 입장
• ___⑥___(동물 해방론), 레건(동물 권리론) 등	• 데카르트, 아퀴나스, 칸트, 코헨 등

4 사랑과 성의 관계

___⑦___	사랑의 구성 요소 → 보호, 책임, 존경, 이해
성차별	존엄성・평등성 훼손과 인권의 침해 → 차이 인정, 개성을 존중

5 결혼과 가족의 윤리

부부 윤리	• 유교 → 부부유별, 부부상경, 상경여빈 강조 • 길리건 : 주고받는 관계
가족 윤리	• 부모 → 자애 • 자녀 → 효의 실천 • 형제자매 → 우애, ___⑧___

① 일회성

② 윤회

③ 하이데거

④ 회피

⑤ 생명 경시

⑥ 싱어

⑦ 프롬

⑧ 형우제공

1. 관련 있는 내용을 보기에서 골라 ( ) 안에 쓰시오.

> ㉠ 안락사 ㉡ 배아 복제
> ㉢ 데카르트 ㉣ 프롬

1) 배아 줄기세포를 얻기 위해 복제 후 배아 단계까지만 발생을 진행시키는 것이다. ( )
2) 극심한 고통을 받고 있는 불치의 환자가 고통이 적은 방법으로 죽음에 이르도록 하는 행위를 말한다. ( )
3) 동물은 영혼이나 정신이 없어서 쾌락과 고통을 느낄 수 없다고 보았다. ( )
4) 사랑의 구성 요소로 보호, 책임, 존경, 이해 등을 제시하였다. ( )

2. 다음 설명이 맞으면 ○표, 틀리면 ×표를 하시오.

1) 죽음의 특징으로 보편성, 불가피성 일회성, 비가역성 등이 있다. ( )
2) 뇌사자는 생명 유지에 필요한 소뇌나 뇌간의 기능을 일부 유지하고 있는 환자를 말한다. ( )
3) 레건은 동물을 인간의 목적을 위한 수단으로 이용하는 것은 부당하다고 주장하였다. ( )
4) 동물 실험의 3R 원칙으로 '감소', '대체', '정교화'가 있다. ( )
5) 형제자매 간의 윤리로서 서로 우애 있게 지내야 하고, 형우제공을 실천해야 한다. ( )

3. 서로 관련된 내용으로 바르게 연결하시오.

1) 성차별 ●   ● ㉠ 사랑의 구성 요소
2) 프롬 ●   ● ㉡ 남녀 간의 차이를 잘못 이해하여 발생하는 차별
3) 싱어 ●   ● ㉢ 부부상경, 상경여빈 강조
4) 부부 윤리 ●   ● ㉣ 동물 해방론

1.
1) (㉡)
2) (㉠)
3) (㉢)
4) (㉣)

2.
1) (○)
2) (×)
   뇌사자는 대뇌, 소뇌, 뇌간의 기능을 상실한 사람
3) (○)
4) (○)
5) (○)

3.
1) – ㉡
2) – ㉠
3) – ㉣
4) – ㉢

01 다음 중 출생의 윤리적 의미와 가장 거리가 먼 것은?

① 자연적 성향의 실현 과정

② 도덕적 주체로서 삶의 시작

③ 가족과 사회 구성원으로서의 삶의 시작

④ 삶의 소중함을 깨닫는 계기

01

죽음의 윤리적 의미는 생명과 우리 삶의 소중함을 깨닫는 계기가 된다.

02 다음 사상가가 삶과 죽음에 대해 강조하는 윤리적 태도로 가장 적절한 것은?

> 인간은 언제나 죽음과 함께 하고 있다. 죽음을 외면하지 말고 항상 죽음은 자기의 것이라는 사실을 인지하면서 살아가야 한다.
> – 하이데거(Heidegger, M.) –

① 죽음을 회피하고자 노력해야 한다.

② 감각적 쾌락을 추구하는 삶을 살아야 한다.

③ 죽음을 자각하고 삶을 더욱 의미 있게 살아야 한다.

④ 죽음 이후의 세계에 대해서는 관심을 갖지 말아야 한다.

02

제시된 사상가 하이데거는 삶과 죽음에 대해 '인간은 언제나 죽음을 자각하고, 삶을 더욱 의미 있게 살아야 한다.'는 윤리적 태도를 강조하였다. 죽음의 윤리적 의미는 생명과 우리 삶의 소중함을 깨닫게 하고, 인간 존엄성의 확인과 삶의 의미를 깊이 있게 성찰할 수 있는 계기가 될 수 있으며, 가족이나 지인들에 대한 사랑을 확인할 수 있다는 것이다.

03 (가)에 들어갈 용어로 가장 적절한 것은?

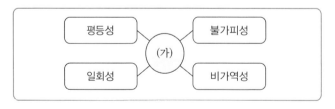

① 사랑

② 용서

③ 죽음

④ 해탈

03

죽음의 특징에 해당하는 내용들이다. 죽음의 윤리적 의미는 삶의 소중함을 깨닫는 계기가 된다.

ANSWER

01. ④ 02. ③ 03. ③

04 다음 내용에 해당하는 현대 사회의 윤리적 문제점은?

> • 장기 매매, 자살, 유괴, 동물 학대
> • 인간 배아 복제, 대리모, 안락사 등의 논쟁

① 정보 남용　　　　② 정치 갈등
③ 환경 파괴　　　　④ 생명 경시

05
기출

⊙에 들어갈 토론의 주제로 가장 적절한 것은?

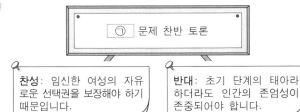

찬성: 임신한 여성의 자유
로운 선택권을 보장해야 하기
때문입니다.

반대: 초기 단계의 태아라
하더라도 인간의 존엄성이
존중되어야 합니다.

① 낙태　　　　② 인간 복제
③ 인체 실험　　　④ 유전자 조작

06 유명인이나 평소 자신이 존경하던 인물이 자살할 경우,
그 인물과 자신을 동일시하여 자살을 시도하는 현상을
일컫는 말은?

① 낙인 효과　　　　② 피그말리온 효과
③ 파파게노 효과　　　④ 베르테르 효과

07 의학적으로 전체 뇌 활동이 완전히 멈춰 회복 불가능하게 된 상태를 말하며, 현대 사회에서 죽음의 기준으로 새롭게 주목받고 있는 것은?

① 뇌사 ② 심폐사

③ 안락사 ④ 존엄사

08 다음에서 뇌사에 해당하는 것을 모두 '√'를 표시한 학생은?

구분 \ 학생	A	B	C	D
손상 부위 – 대뇌 혹은 대뇌의 일부	√	√	√	
호흡 – 자발적 호흡 불가		√		√
기능 – 심장 외의 몸의 모든 기능 정지			√	√

① A ② B

③ C ④ D

09 다음 ㉠에 들어갈 토론 주제로 가장 적절한 것은?

기출

(㉠)에 대한 의견을 말해 볼까요?

치유 불가능한 환자에게 과다한 경비를 사용하는 것은 환자와 가족에게 경제적으로 부담이 매우 큽니다.

환자의 삶을 인위적으로 중단시키는 행위는 자연의 질서에 어긋나며 생명 존엄성을 훼손하는 행위입니다.

① 안락사 ② 인종 차별

③ 생명 복제 ④ 유전자 변형 농산물

10 다음 내용이 공통으로 비판하는 문제는?

기출

- 인간의 존엄성과 고유성을 훼손한다.
- 인간의 자연스러운 출산의 과정에 어긋난다.

① 안락사　　　　　② 동물 실험
③ 인간 복제　　　　④ 장기 매매

10
제시된 내용이 공통으로 비판하는 문제는 인체 복제에 대한 내용이다. 인간의 정체성 혼란, 기존의 인간관계와 사회 질서의 혼란 야기 등도 반대 입장이고, 찬성의 입장에서는 불임 부부의 고통을 덜어 줄 수 있고, 생식의 자유와 권리를 강조한다.

11 다음 중 비첨과 칠드레스가 제시한 생명 의료 윤리의 4

고난도 가지 원칙과 거리가 가장 먼 것은?

① 자율성 존중의 원칙　　② 해악 금지의 원칙
③ 선행의 원칙　　　　　　④ 경제성의 원칙

11
4가지의 원칙은 생명을 함부로 조작하거나 훼손하지 않으면서 생명의 존엄성을 실현하는 것을 전제로 한 것이다. 연구 성과나 자원을 공정하게 배분해야 한다는 '정의의 원칙'이 포함된다.

12 (가), (나)에 들어갈 용어로 가장 적절한 것은?

(가) : 배아 줄기세포를 얻기 위해 복제 후 배아 단계까지만 발생을 진행시키는 것
(나) : 복제를 통해 새로운 인간 개체를 탄생시키는 것

　　　(가)　　　　　　　　(나)
① 배아 복제　　　　　　개체 복제
② 개체 복제　　　　　　배아 복제
③ 동물 복제　　　　　　생명 복제
④ 생명 복제　　　　　　체세포 유전자 치료

12
생명 복제는 동일한 유전 형질을 가진 생명체를 만들어 내는 기술로서 동물 복제와 인간 복제로 나뉜다. 그리고 인간 복제와 관련하여 (가)는 배아 복제, (나)는 개체 복제에 대한 설명이다.

ANSWER
10. ③　11. ④　12. ①

13 다음 중 동물 실험의 3R 원칙에 들어가지 <u>않는</u> 것은?

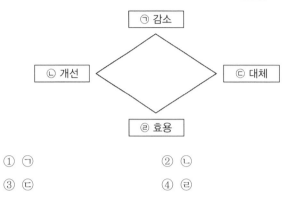

① ㉠
② ㉡
③ ㉢
④ ㉣

13
㉠ 감소 : 실험에 이용하는 동물의 수를 감
　소시켜라
㉡ 개선 : 동물이 받는 고통을 최소화하기
　위해 실험 절차를 개선하라
㉢ 대체 : 하등 동물이나 컴퓨터 모의실험
　과 같은 다른 실험으로 대체하라

14 ㉠에 들어갈 말로 가장 적절한 것은?

동물중심주의 윤리의 대표학자는
싱어(Singer, P.)입니다.
그의 사상적 특징은 다음과 같습니다.
(　　　㉠　　　)

① 정복 지향적인 자연관을 가집니다.
② 동물을 도덕적 고려의 대상으로 봅니다.
③ 인간이 자연을 지배할 권리를 강조합니다.
④ 동물을 인간이 사용해야 하는 수단이라고 봅니다.

14
동물중심주의 윤리의 대표 학자인 싱어는
종(種) 차별주의 반대자로서 동물을 도덕
적 고려의 대상으로 하였으며 동물의 복지
를 강조하였다.

ANSWER
13. ④　14. ②

15 (가), (나)에 들어갈 사상가들의 주장으로 적절하지 <u>않은</u> 것은?

〈동물 권리 논쟁〉

도덕적 권리 인정	도덕적 권리 부정
(가)	(나)
⋮	⋮

① (가) 싱어 : 동물의 이익도 평등하게 고려되어야 한다.

② (가) 벤담 : 동물도 고통을 느끼기 때문에 도덕적으로 고려 받을 권리를 갖는다.

③ (나) 레건 : 식물은 동물을 위해 존재하고, 동물은 인간을 위해 존재한다.

④ (나) 데카르트 : 동물은 정신이나 영혼이 없어서 쾌락이나 고통을 느낄 수 없다.

16 ㉠에 들어갈 용어로 적절한 것은?

① 소유

② 집착

③ 책임

④ 무관심

15

레건은 동물들은 그 자체로 존중받을 도덕적 권리를 가진다는 '동물 권리론'을 주장하였고, 아퀴나스가 '식물은 동물을 위해 존재하고, 동물은 인간을 위해 존재한다.'라고 하였다.

16

제시된 내용은 프롬의 사랑의 기본 요소에 관련된 내용이다. ㉠에 들어갈 용어는 '책임'이다. 사랑하는 사람의 욕구를 배려하면서 자신의 행동에 책임을 지는 것을 말한다.

17 다음과 관련 있는 성의 가치는?

> 성은 사랑하는 사람들이 신체적·정신적으로 하나가 되는 것이며, 서로의 인격을 표현해 주고 인간의 품위를 유지시켜 주는 것이다.

① 생식적 가치 ② 도구적 가치
③ 쾌락적 가치 ④ 인격적 가치

17
성의 가치
① 생식적 가치 : 자녀 출산의 기능
③ 쾌락적 가치 : 성적 쾌락은 인간이 누릴 수 있는 대표적인 쾌락 중 하나
④ 인격적 가치 : 사랑하는 사람과 신체적·정신적으로 하나가 됨

18 다음 설명에 해당하는 개념은?
기출

> 성(性) 문제에 있어 자신이 원하는 성적 행동을 할 수 있는 권리일 뿐 아니라 자신이 원치 않는 성적 행동을 거부할 수 있는 권리이다.

① 자아실현권 ② 지적재산권
③ 단체행동권 ④ 성의 자기 결정권

18
성의 자기 결정권이다. 성 문제에 있어서 외부의 강요 없이 자신의 성적 행동을 스스로 결정하고 선택할 권리로서 자신이 원하지 않는 성적 행동에 대한 저항권, 거부권을 포함하며, 자신이 책임질 수 있는 범위 내에서 행사해야 한다.

19 양성평등을 실현하기 위한 노력에 해당하는 것을 〈보기〉
기출 에서 고른 것은?

> 〈보기〉
> ㄱ. 성 차이 인정
> ㄴ. 상호 인격 존중
> ㄷ. 출산 휴가 제한
> ㄹ. 성 역할에 대한 고정 관념에 집착

① ㄱ, ㄴ ② ㄱ, ㄹ
③ ㄴ, ㄷ ④ ㄷ, ㄹ

19
양성 평등을 실현하기 위한 개인적 노력으로는 성 역할에 대한 고정 관념을 버리고, 남녀가 서로 인격적으로 존중해야 하며, 배려의 태도와 차이를 인정할 줄 아는 자세가 필요하다.

ANSWER
17. ④ 18. ④ 19. ①

20 다음에서 설명하는 (가)와 가장 관련이 있는 윤리는?

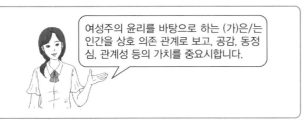

여성주의 윤리를 바탕으로 하는 (가)은/는 인간을 상호 의존 관계로 보고, 공감, 동정심, 관계성 등의 가치를 중요시합니다.

① 덕 윤리
② 배려 윤리
③ 생명 윤리
④ 정의 윤리

21 인간의 성을 직접 사고팔거나 성적 이미지를 이용하여 상업적으로 이윤을 추구하는 활동을 일컫는 말은?

① 성차별주의
② 성 상품화
③ 외모 지상주의
④ 성 고정관념

22 다음 설명에 해당하는 것은?

기출

인간관계의 출발점인 가정을 구성하는 것으로 예로부터 인륜지대사(人倫之大事)라 일컬음

① 우정
② 결혼
③ 효도
④ 공감

23 밑줄 친 '이것'이 의미하는 것은?

기출

> '이것'은 도덕 공동체를 구현할 수 있는 윤리의 출발점이며, 사회성과 도덕성을 습득할 수 있는 공동체이다.

① 가족　　　　② 학교
③ 직장　　　　④ 국가

24 다음에서 설명하는 형제 간의 도리는?

기출

> 형은 동생을 벗으로 대하고 동생은 형을 공경하는 마음으로 대해야 한다.

① 형우제공(兄友弟恭)　② 교우이신(交友以信)
③ 죽마고우(竹馬故友)　④ 붕우유신(朋友有信)

25 전통적으로 강조된 부부 간의 윤리 중 〈보기〉와 가장 관련 있는 것은?

> |보기|
> 부부는 균형과 조화를 이루는 상호 보완적인 관계이며, 서로 독립하여 존재할 수 없다.

① 음양론(陰陽論)　　② 상경여빈(相敬如賓)
③ 부부상경(夫婦相敬)　④ 부부유별(夫婦有別)

23

도덕 공동체를 구현할 수 있는 윤리의 출발점은 가족이다. 가족이 이웃으로, 지역 사회로, 국가로, 지구 공동체로 확대되는 것이다.

24

설명에서 제시된 형제 간의 도리는 '형우제공(兄友弟恭)'이다.
② 교우이신 : 친구를 사귈 때는 믿음으로 한다.
③ 죽마고우 : 어릴 때부터 가까이 지내며 자란 친구이다.
④ 붕우유신 : 친구 사이에는 믿음이 있어야 한다.

25

② 상경여빈(相敬如賓) : 부부는 가장 친밀한 사이지만, 서로 손님같이 공경해야 한다.
③ 부부상경(夫婦相敬) : 부부는 서로 공경해야 한다.
④ 부부유별(夫婦有別) : 남편과 아내의 역할에는 구별이 있으며, 부부는 분별 있게 행동해야 한다.

ANSWER

23. ① 24. ① 25. ①

26 화목한 가정생활을 위한 부부 간의 윤리로 적절하지 <u>않은</u> 것은?

① 서로 인격을 존중해야 한다.

② 부족한 점을 서로 보완하지 말아야 한다.

③ 서로 공경하면서 분별 있게 행동해야 한다.

④ 성별로 인해 생기는 차이점을 이해해야 한다.

26

부부간의 윤리와 관련해서 부부는 바람직한 가족 공동체의 유지와 발전을 위해 상호 보완적으로 공동의 노력을 다해야 한다. 또한, 전통적으로 강조된 부부간의 윤리로 음양론(陰陽論)과 유교에서는 부부유별, 부부상경, 상경여빈 등을 강조하였다.

27 다음에 해당하는 윤리 사상가는?

- 인(仁)의 실천을 위해서 효(孝)를 강조함
- 도덕적으로 실천하는 삶에 관심을 가짐

① 공자　　　　　　② 원효

③ 싱어　　　　　　④ 플라톤

27

제시된 내용의 윤리 사상가는 ① '공자'이다.
② 원효 : 통일신라 시대의 승려
③ 싱어 : '동물 해방론' 주장
④ 플라톤 : 고대 그리스의 대표 철학자

28 다음 내용이 설명하는 효의 실천 방법은?

　부모의 뜻을 헤아려 실천함으로써 부모를 기쁘게 해 드리는 것

① 불혹(不惑)　　　② 양지(養志)

③ 이순(耳順)　　　④ 맹목(盲目)

28

제시된 내용은 『효경』에서 효의 실천 방법인 '양지(養志)'이다.
① 불혹 : 나이 40세를 이르는 말
③ 이순 : 나이 60세를 이르는 말
④ 맹목 : 이성을 잃어 적절한 분별이나 판단하지 못하는 일.

ANSWER

26. ②　**27.** ①　**28.** ②

29 전통적인 효의 실천 방법이다. 설명이 옳지 <u>않은</u> 것은?

① 봉양(奉養) : 부모를 실질적으로 잘 모시는 것

② 공대(恭待) : 부모를 욕되지 않게 해 드리는 것

③ 혼정신성(昏定晨省) : 아침저녁으로 부모에게 문안을 드리는 것

④ 입신양명(立身揚名) : 후세에 이름을 떨쳐 부모를 영광되게 해 드리는 것

29

공대(恭待)는 표정을 항상 부드럽게 하여 부모가 편안한 마음을 지닐 수 있도록 해 드리는 것이고, 부모를 욕되지 않게 해 드리는 것은 불욕(不辱)이다.

ANSWER

29. ②

CHAPTER 03

사회와 윤리

03 사회와 윤리

1. 동·서양의 직업관, 기업가와 근로자, 전문직과 공직자의 직업 윤리, 청렴에 대한 내용과 실현을 위한 노력 등을 파악한다.
2. 니부어의 사회 윤리, 사회 정의 의미를 파악하고, 분배 정의의 다양한 관점(롤스, 노직 등)과 쟁점, 그리고 사형 제도의 윤리적 쟁점 등을 확인한다.
3. 국가 권위의 정당화 관점과 동·서양의 국가의 역할에 대해 파악하고, 시민의 참여와 시민 불복종의 정당화 근거를 확인해야 한다.

01 직업과 청렴의 윤리

1 직업 생활과 행복한 삶

(1) 직업의 의미와 기능

① 직업의 의미 : 인간이 사회 구성원으로 살아가면서 자신의 능력이나 재능에 따라 일정 기간 일에 종사하며 경제적 재화(대가)를 받는 지속적인 활동

② 직업의 기능

⊙ 생계 유지 : 안정된 삶을 영위해 나가는데 중요한 경제적 생계 수단이다.

ⓒ 자아실현 : 개인의 잠재력과 재능을 발휘함으로써 개인의 자아실현 및 인격을 완성한다.

ⓒ 사회 참여 : 사회 구성원으로서 사회 참여 및 사회 발전에 기여한다.

> **직업의 단어적 의미** ▼ [검색]
> • 동양 : 직(職)은 사회적 지위나 역할, 업(業)은 생계유지를 위한 노동을 의미
> • 서양 : 'occupation, job'은 경제적 측면이 강조된 생계직, 'profession'은 사회적 위상이나 지위를 뜻하는 전문직, 'vocation, caling'은 신으로부터 부여받은 소명직을 의미

(2) 동·서양의 직업관

① 동양

⊙ 공자 : 자신이 맡은 사회적 임무와 역할에 충실해야 한다는 '정명(正名) 사상'을 강조하였다.

> **잠깐**
> **직업과 직업이 아닌 것의 구분 기준**
> • 경제적 보상
> • 자발성
> • 지속성 여부

→ "임금은 임금다워야 하고 신하는 신하다워야 하며, 부모는 부모다워야 하고 자식은 자식다워야 한다."

ⓛ 맹자 : 직업 간의 귀천과 우열을 따지기보다는 직업 간의 상호 보완적 관계를 강조하고, 직업의 도덕적 성격을 중시하였다.

→ "일반 백성은 항산(恒産, 생업)이 없으면 그로 인하여 항심(恒心, 도덕적 마음)도 없어지게 된다."

ⓒ 순자 : 예(禮)를 통해 인간의 욕망을 절제해야 하고, 능력에 따른 역할 분담을 강조하였다.

ⓔ 정약용(조선의 실학자) : 신분제적 관점보다는 개인의 재능과 학식에 따른 사회 분업적 관점을 강조하였다.

ⓜ 장인정신(匠人精神) : 자기 일에 긍지를 가지고 전념하거나, 한 가지 기술에 정통하려고 노력하는 자세이다.

② 서양

ⓗ 플라톤 : 각자의 계급에 맞는 역할을 충실히 수행해야 이상적인 국가가 실현된다고 보았다.

플라톤의 이상 국가를 구성하는 계층 ▾	검색

철인 통치자는 지혜, 수호자 계급은 용기, 생산자 계급은 절제의 덕을 지녀야 하며, 이 세 가지 덕이 조화를 이룰 때 정의의 덕이 실현된다고 주장하였다.

ⓛ 중세 크리스트교 : 노동은 원죄에 대한 속죄의 의미로서 수행되어야 하는 것이고, 재산 축적을 부정적으로 보았다.

ⓒ 칼뱅(Calvin)의 소명의식(召命意識) : 직업은 '신으로부터 부름을 받은 자기 몫'이며 자신의 직업에 충실히 종사하는 것이 바로 신의 명령에 따르는 것이라고 하였다.

ⓔ 베버(Weber)의 직업론 : 서구에서 자본주의가 발달한 원동력은 프로테스탄티즘의 윤리가 자본주의 정신과 결합했기 때문이다.

프로테스탄티즘 ▾	검색

16세기 루터와 칼뱅 등 종교 개혁자들이 가톨릭교에 반항하여 이루어진 기독교 사상

ⓜ 마르크스 : 인간은 노동을 통해 자아실현을 하는 존재이고, 자본주의 체제에서 분업이 노동력 착취와 인간 소외 현상을 더욱 심화시킨다고 비판하였다.

알아두면 점수따는 이야기

현세적인 프로테스탄트의 금욕은 전력을 다해 재산 낭비적 향락에 반대해 왔고, 소비, 특히 사치재 소비를 봉쇄해 버렸다. 반면에 이 금욕은 재화 획득을 전통주의적인 윤리의 장애에서 해방시키는 심리적 결과를 낳았으며, 이익 추구를 합법화시켰을 뿐 아니라 직접 신의 뜻이라고 간주함으로써 이익 추구에 대한 질곡을 뚫고 나왔다. 근대적 자본주의 정신 그리고 그뿐 아니라 근대적 문화에 구성적 요소 중 하나인 직업 사상에 입각한 합리적 생활방식은 기독교적 금욕의 정신에서 탄생한 것이다.

— 베버, 『프로테스탄티즘의 윤리와 자본주의 정신』

(3) 직업과 행복한 삶

① 바람직한 직업 선택

ㄱ 부(富)와 명예, 권력을 얻기 위한 수단 이 아닌 그 일 자체가 목적이 되는 것 이어야 한다.

ㄴ 자신의 적성과 능력에 맞는 직업을 선 택해야 한다.

② 직업 생활과 행복

ㄱ 직업 생활이 행복해지기 위해서는 바람직한 직업관을 가져야 한다.

ㄴ 타인을 배려하고 서로 존경하며 사랑을 주고받는 직업 생활을 해야 한다.

2 직업 윤리와 청렴

(1) 직업 윤리의 의미와 특성

① 직업 윤리의 의미 : 직업 생활을 하는 사람들이 따라야 하는 가치와 행동 규범

② 직업 윤리의 특성

일반성	모든 직업에서 공통으로 지켜야 하는 행동 규범 ㉤ 근면, 성실, 책임, 직업적 양심 등
특수성	각각의 직업에서 지켜야 하는 특수한 행동 규범 ㉤ 의사 윤리, 변호사 윤리 등 → 직업 윤리의 특수성만을 강조하면 윤리적 상대주의나 회의주의에 빠질 수 있음

③ 직업 윤리의 기본 원칙

ㄱ 천직, 소명의식, 사회적 책임 : 자신의 능력과 역량에 따라 맡은 직분을 직업적 양심 을 가지고 성실하게 수행해야 한다. → 사회 공동체의 발전에 기여

ㄴ 전문성 : 해당 업무에 대한 전문적인 기술과 지식을 지녀야 업무를 제대로 수행할 수 있다.

ㄷ 인간애, 연대의식 : 자신이 속한 직업 공동체를 건강하게 가꾸고 직장 구성원 간의 신뢰 및 공동체 의식 형성에 기여한다. → 소외 문제 해결에 중요한 계기가 됨

④ 직업 윤리의 필요성

ㄱ 개인의 자아실현과 공동체의 발전에 기여할 수 있다.

ㄴ 직업 생활에서 일어날 수 있는 부정부패와 비리 등을 예방할 수 있다.

(2) 기업가와 근로자 윤리 중요⁺

① 기업가 윤리와 필요성

㉠ 기업 윤리 : 법적 테두리 내에서 건전한 이윤 추구, 소비자와 근로자의 권리 존중, 공익 실현을 위한 사회적 책임 이행 등이다.

㉡ 필요성 : 기업가의 경제 활동은 기업의 유지와 발전뿐만 아니라 근로자를 포함한 사회 구성원에게 미치는 영향이 크기 때문이다.

② 기업의 사회적 책무

㉠ 종류

경제적 책임	재화와 서비스의 생산, 일자리 창출과 같은 기업의 목적에 부합해야 함
법적 책임	법을 지키면서 기업을 경영해야 함
윤리적 책임	사회의 기대치에 맞는 윤리적 행동을 해야 함
자선적 책임	기부, 봉사, 문화 활동 등 지역 사회 발전에 기여해야 함

㉡ 책무 범위에 대한 두 입장

프리드먼	"합법적인 이윤 추구를 넘어서는 사회적 책임을 기업에 강요해서는 안 된다."
보겔, 애로우	• 보겔 : "기업이 법이 지키며 이윤을 추구하는 차원을 넘어 자발적으로 사회적 책임을 이행해야 한다." • 애로우 : "기업이 사회적 책임을 이행할 때 소비자의 신뢰를 얻을 수 있고, 이를 통해 기업의 장기적 이익과 효율성에 기여할 수 있다."

③ 근로자 윤리와 필요성

㉠ 근로자 윤리 : 자신의 책임과 역할을 성실 수행, 맡은 분야의 전문성 향상, 기업가와의 협력 추구, 동료와의 연대 의식 형성 등이다.

㉡ 필요성 : 경제 활동에서 기업가와 더불어 중요한 역할을 담당하기 때문이다.

> **경제사회발전 노사정위원회** ▼ 검색
>
> 근로자, 기업가, 정부 간의 합의를 위한 대통령 자문 기관으로 노사정 3자와 전문가 등이 참여하여 노동 정책 및 산업·경제·사회 정책 등을 협의하는 사회적 대화 기구

④ 기업가와 근로자와의 관계

㉠ 상호 상보적 관계 : 기업가와 근로자는 서로에게 의지하여 이익을 얻고 도움을 받는 관계이다.

기업가	근로자를 고용하여 급여를 지급, 노동력을 얻어 제품과 서비스를 창출
근로자	기업가에 고용되어 생활 수단을 제공받고, 기업가의 관리 하에 노동력을 제공

㉡ 상호 대립적 관계 : 사용자와 근로자의 이해는 대립적이다.

ⓒ 상생적 관계 유지를 위한 노력

개인적	기업가 윤리와 근로자 윤리의 실천, 상호 신뢰 관계의 형성과 유지 노력
사회적	경제사회발전 노사정위원회, 중소기업 노사협의회 등과 같은 제도의 마련

심화학습 · 노동 3권

1) 단결권 : 근로자가 근로 조건의 유지와 개선을 위해 단체를 결성할 수 있는 권리

2) 단체 교섭권 : 근로자 단체가 사용자와 근로 조건에 대해 교섭할 수 있는 권리

3) 단체 행동권 : 근로자가 근로 조건을 위해 사용자에 대항하여 단체 행동을 할 수 있는 권리

(3) 전문직과 공직자 윤리

① 전문직의 윤리

　㉠ 전문직의 의미 : 고도의 전문적 교육과 훈련을 거쳐 자격·면허를 취득해야 종사할 수 있는 직업

잠깐

노블레스 오블리주
- 높은 사회적 신분에 상응하는 도덕적 의무
- 초기 로마시대에 왕과 귀족들이 보여 준 투철한 도덕의식과 솔선수범하는 공공 정신에서 비롯된 말

　㉡ 전문직의 특징

전문성	고도의 전문적인 훈련을 통해 전문적인 지식을 가져야 함
독점성	일정한 자격을 갖추어 사회적으로 승인된 사람만이 그 직업을 수행할 수 있음
자율성	전문 지식을 바탕으로 독자적이고, 자율적으로 업무를 수행함

　㉢ 전문직의 윤리 : 직업적 양심, 책임 의식을 가진 높은 수준의 도덕성과 직업 윤리가 필요하고, 사회 지도층으로서의 '노블레스 오블리주'를 실천해야 한다.

② 공직자의 윤리

　㉠ 공직자의 의미 : 국가 기관이나 공공 기관의 일을 담당하는 사람

　㉡ 공직자의 특징

　　ⓐ 국민의 합의로 공권력을 위임받은 대리인이다.

　　ⓑ 국민에 대한 봉사와 국가 유지와 발전에 중요한 역할을 담당한다.

　　ⓒ 공권력을 지니고 있어 사회와 국가에 끼치는 영향이 크다.

알아두면 점수따는 이야기　　　　　　　　　　플라톤의 공직자 윤리

수호자라고 불리는 계급은 집, 토지, 기타 재산을 가져서는 안 된다. 그들의 급여는 그들의 식량이 되고, 그들은 이것을 다른 국민에게서 받는다. 이리하여 사적 비용이 필요 없다. 내 것과 네 것을 가리지 않으므로 국가를 분열시키지 않는다.

－ 플라톤, 『국가』

ⓒ 공직자 윤리

공정함	공직의 직무를 수행할 때 민주적이고 공정한 방법으로 처리해야 함
봉사·봉공	투철한 사명감과 책임감을 가지고 공익 실현을 위한 노력을 해야 함
청렴 정신	직무를 통해 부당한 이득을 취하지 않는 청렴, 청백리 정신을 함양해야 함

(4) 부패 방지와 청렴의 필요성

① 부패

　　㉠ 의미 : 자신의 직위를 이용하여 금전적·사회적으로 부당한 이익을 얻는 위법 행위

　　　　예 공직자의 뇌물수수, 정치인의 부정선거

　　㉡ 부패의 원인

| 개인적
차원 | • 개인의 이기심과 이기주의, 지나친 사익 추구
• 부패에 대한 낮은 수준의 저항 의식과 준법 의식 결여 |
| 사회적
차원 | • 연고주의, 정실주의, 물질 만능주의, 결과 지상주의
• 비합리적인 사회 제도와 제도의 운용
• 부패 방지를 위한 사회적 장치의 미비 |

　　㉢ 문제점 : 개인의 권리를 부당하게 침해하고, 시민 의식의 발달을 저해하며 국가 신인
　　　　도의 하락을 초래할 수 있다.

　　㉣ 해결 방안 : 청렴의 윤리 실천, 내부 공익 신고 제도의 활성화

② 청렴한 사회 실현 　중요⁺

　　㉠ 청렴의 의미 : 성품과 품행이 맑고 깨끗하며 탐욕을 부리지 않는 상태

　　㉡ 청렴과 관련된 전통 윤리

　　　　ⓐ 청백리(淸白吏) 정신 : 청빈(淸貧)한 생활 태도를 유지하면서 국가의 일에 충심을
　　　　　　다하는 정신

　　　　ⓑ 견리사의(見利思義) 자세 : 눈앞의 이익보다는 옳음을 중시하는 자세

　　　　ⓒ 멸사봉공(滅私奉公)의 자세 : 개인의 이익보다 공공의 이익을 중시하는 자세

　　　　ⓓ 선공후사(先公後私)의 자세 : 사사로운 이익보다 공익을 앞세우는 자세

알아두면 점수따는 이야기　　　　　　　　　　　　　　　　　　　정약용의 청렴 정신

　청렴은 목민관이 마땅히 지켜야 할 임무이며 모든 덕의 원천이다. 청렴은 천하에서 큰 장사[賈]이다. 그래서 포부가 큰 사람은 반드시 청렴하고자 한다. 청렴하지 못함은 지혜가 모자라기 때문이다. 청렴한 자는 청렴을 편안히 여기고 지혜로운 자는 이를 이롭게 여긴다. 그러므로 지혜로운 선비는 청렴을 몸과 마음의 보배로 삼는다. 청렴하지 않고서 수령 노릇을 제대로 한 사람은 지금까지 한 명도 없었다. 수령이 청렴하지 않으면 백성들이 그를 도적이라 욕하며 원성이 드높을 것이니, 부끄러운 일이다.
　　　　　　　　　　　　　　　　　　　　　　　　　　　　　　　　　　　－ 정약용, 『목민심서』

ⓒ 청렴을 실현하기 위한 노력 : 양심과 사회 정의에 부합되는 행동을 하며 부패 방지와
청렴을 위한 사회적 · 제도적 노력이 필요하다.
→ 청렴도 측정 제도, 청탁 금지법, 시민 단체의 감시 활동 등

02 사회 정의와 윤리

1 사회 윤리와 사회 정의

(1) 개인 윤리와 사회 윤리

① 개인 윤리와 사회 윤리의 의미

ㄱ 개인 윤리의 의미 : 개인의 도덕성을 평가하는 척도로 작용하는 규범이다.

ㄴ 사회 윤리의 의미와 등장 배경

ⓐ 의미 : 사회 구조나 제도와 관련된 윤리 문제를 해결하기 위한 도덕적 규범이다.

ⓑ 등장 배경 : 개인 윤리만으로는 해결하기 어려운 윤리 문제가 발생하게 되었다.
예 전쟁, 부정부패, 범죄, 인종차별 등

② 개인 윤리와 사회 윤리

ㄱ 특징

구 분	개인 윤리	사회 윤리
중심 내용	개인의 양심, 윤리 의식, 덕목, 품성	사회 구조와 제도의 부조리
문제 인식	사회의 윤리 문제의 발생 원인을 사회를 구성하는 개인의 도덕성에 찾음	사회의 윤리 문제의 발생 원인을 정의롭지 않은 사회 구조에서 찾음
문제 해결 방안	개인의 도덕성 및 책임 함양	사회 구조와 제도 등의 보완 · 개선

ㄴ 관계 : 현대 사회의 다양한 윤리 문제를 해결하기 위해서는 상호 보완적 관계이어야
하며, 조화가 이루어져야 한다.

③ 니부어(Niebuhr, R.)의 사회 윤리 중요

ㄱ 사회적 도덕 문제의 원인 분석

ⓐ 사회 집단의 도덕성은 개인의 도덕성보다 현저하게 떨어진다.

ⓑ 개인적으로는 상당히 도덕적인 사람도 자기가 소속된 집단의 이익을 위해서는 이기
적으로 행동하기 쉽다. → 개인의 도덕성과 집단(사회)의 도덕성 구분 필요

ⓛ 전통적 입장에 대한 비판

 ⓐ 개인의 선한 의지만으로는 정의를 실현할 수 없다.

 ⓑ 개인적인 양심과 덕목의 실천만으로는 복잡한 사회 문제를 해결하기 어렵다.

ⓒ 사회적 도덕 문제의 해결 방안 제시

 ⓐ 사회 정책과 제도의 개선을 통한 문제 해결을 강조한다.

 ⓑ 개인의 도덕성 함양뿐만 아니라, 개인의 도덕성이 올바르게 표현될 수 있는 사회적 여건을 마련하는 데에도 노력을 기울여야 한다.

바로바로 CHECK√

니부어(Niebuhr, R.)의 사회 윤리와 관련된 설명으로 옳은 것은?

① 개인의 선한 의지만으로 사회 정의를 실현할 수 있다.

② 개인의 도덕성은 사회의 도덕성에 영향을 받지 않는다.

❸ 사회 문제 해결을 위해 사회 제도의 개선이 필요하다.

④ 집단의 도덕성은 개인의 도덕성보다 항상 높다.

---

(2) 사회 정의

① 의미와 필요성

 ㉠ 의미 : 사회를 구성하고 유지하기 위해 사회 구성원들이 추구해야 할 올바르고 공정한 도리를 말한다.

 ㉡ 필요성

  ⓐ 사회가 정의로울 때 개인의 자유와 권리가 존중받을 수 있다.

  ⓑ 정의로움이 결여된 사회 제도는 사회적 갈등과 분쟁을 심화시킬 수 있다.

아리스토텔레스의 정의 ▼ 검색

• 일반적 정의 : 공익 실현을 위해 고안된 법률을 준수하는 것

• 특수적 정의 : 분배적 정의와 교정적 정의로 구분. 분배적 정의는 각자의 가치에 비례하여 분배하는 것, 교정적 정의는 구성원 사이의 이익과 손해를 교정하여 균등하게 하는 것

알아두면 점수따는 이야기

 사회 집단이 개인보다 비도덕적인 이유 중 하나는 자연적 충동을 억제할 만큼 강력한 합리적 사회 세력을 만드는 것이 어렵기 때문이다. 개인적 이기심은 개별적으로는 점잖게 나타나지만 집단적 이기심으로 나타날 때에는 더욱 이기적인 모습으로 나타난다. 왜냐하면 개인들의 이기적 충동은 개별적으로 나타날 때보다 하나의 공통된 충동으로 결합하여 나타날 때 더욱 생생하게, 그리고 더욱 누적되어 표출되기 때문이다. 도덕주의자들은 개인의 이기심이 합리성의 발전이나 종교적 선의지의 성장 때문에 점진적으로 견제되고 있으며, 또한 이러한 과정이 계속 진행되어야만 모든 인간 사회와 집단은 사회적 조화를 이룰 것으로 생각한다.

                   — 니부어, 『도덕적 인간과 비도덕적 사회』

동양	• 천리(天理)에 부합하는 올바른 도리, 유학에서의 의로움(義)
서양	• 개인 간 혹은 사회적 관계 속에서의 공정함 • 플라톤 : 지혜, 용기, 절제가 조화를 이룰 때 실현되는 덕목 • 아리스토텔레스 : 공익 실현을 위해 일반적(보편적) 정의와 특수적(부분적) 정의가 필요함을 주장하면서 국가의 법률 준수와 질서에 대한 순응을 강조

② 기능과 구분

　㉠ 기능 : 옳고 그름의 기준 제시, 사회적 재화의 정당한 분배 기준, 사회 통합 역할 등
　　을 한다.

　㉡ 구분

형식적 정의	같은 것은 모두 동일하게 처리하는 방식　**예** 1인 1표, 법 앞에 평등
실질적 정의	실질적으로 공정하게 처리하는 방식　**예** 육아 수당, 누진세 등
절차적 정의	결과보다는 과정을 중시하는 정의 → 상호 이해와 협의 과정 필요
분배적 정의	사회적 합의에 따라 각자의 몫을 누릴 수 있게 분배하는 것
교정적 정의	법적 정의 → 공평한 법의 적용과 집행을 지향

2　분배적 정의와 윤리적 쟁점

(1) 분배적 정의

① 의미

　㉠ 사회적 이익과 부담에 관하여 각자가
　　자신의 몫을 누릴 수 있게 하는 정의이
　　다.

　㉡ 다양한 사회적·경제적 가치를 공정하
　　게 분배함으로써 실현될 수 있다.

바로 바로 CHECK√

다음에서 설명하는 개념으로 가장 적절한
것은?

> • 각자가 자신의 몫을 누리는 상태
> • 모든 구성원들의 삶의 질을 보장해 주는
>   밑바탕

❶ 분배 정의　　　② 가치 정의
③ 평등 정의　　　④ 효율 정의

알아두면 점수 따는 이야기　　　　　　　　　　　　　아리스토텔레스의 정의의 구분

　정의란 사람들이 옳은 일을 하도록 하고, 옳게 행동하게 하며, 옳은 것을 원하게 하는 성품이다. 정의롭지 못한 여러 가
지 모습을 살펴보면 정의의 의미를 쉽게 알 수 있다. 법을 지키지 않거나, 욕심이 많고, 불공정한 사람은 모두 정의롭지 못
하다. 공동체를 행복하게 만드는 조건들이 많아지게 하는 행위는 정의롭다. 정의는 우리 이웃과의 관계에서 완전한 덕이며,
모든 덕 가운데 가장 크다. 정의의 영역에는 모든 덕이 다 들어 있다.　　　　　　　　　　─ 아리스토텔레스, 『니코마코스 윤리학』

② 필요성

　㉠ 오늘날 사회 구성원의 욕구를 모두 충족하기에는 재화가 한정되어 있다.

　㉡ 재화 분배의 형평성이 보장되지 않으면 사회 구성원들이 불만을 가지게 된다.

(2) 공정한 분배의 다양한 기준 중요⁺

기 준	장 점	한 계
절대적 평등	기회와 혜택이 균등하게 보장	• 생산 의욕 및 효율성 저하 • 개인의 자유와 책임 의식 약화
필요	사회적 약자나 소외 계층 보호	• 모든 필요를 충족하기 어려움 • 경제적 효율성 저하
능력	능력이 뛰어난 사람에게 보상 가능, 창의성 등을 고취	• 우연적·선천적 영향 배제하기 어려움 • 능력의 평가 기준을 정하기 어려움
업적	객관적 평가와 측정이 가능, 동기 부여 및 생산성 향상	• 업종이 다른 경우 평가에 어려움 • 과열 경쟁, 사회적 약자 배려 어려움
노력	개인의 노력에 비례한 분배 가능	• 노력의 객관적 평가가 어려움 • 노력이 곧 능력이나 업적을 의미하지는 않음

장점과 단점을 함께 가지고 있어 사회 구성원의 합의 도출이 어렵다.

　→ 절차적 정의를 강조하는 입장이 대두(롤스, 노직 등)

(3) 분배적 정의에 대한 다양한 관점

① 롤스 : 공정으로서의 정의 중요⁺

　㉠ 절차적 정의 강조 : 공정한 절차를 통해 합의된 것이라면 정의롭다고 인정

　㉡ 원초적 입장 : 무지의 베일을 쓴 상태에서 합의를 통해 정의의 원칙을 도출하는 가상적 상황

　　→ 자신이 불리한 상황에 놓일 가능성을 고려해 정의의 원칙에 합의

무지의 베일 ▼ 검색

자연적·사회적 우연성을 배제하기 위한 것으로 개인의 사회적 지위, 계층상의 위치, 소질과 능력, 가치관, 심리적 성향에 대하여 모르게 하기 위한 것이다.

　㉢ 정의의 원칙

제1원칙	평등한 자유의 원칙	모든 사람은 평등한 기본적 자유를 최대한 누려야 한다.
제2원칙	차등의 원칙	사회적·경제적 불평등은 최소 수혜자에게 최대의 이익이 되도록 편성될 때 정당화된다.
	기회 균등의 원칙	사회적·경제적 불평등의 계기가 되는 직책과 지위는 공정한 기회 균등의 원칙에 따라 모든 사람에게 개방되어야 한다.

ㄹ 차등 분배 : 위 두 조건이 충족되고 난 다음에는 각자의 능력이나 업적에 따라 차등 분배가 이루어져야 한다.

② 노직 : 소유 권리로서의 정의　**중요⁺**

  ㄱ 개인의 소유권 강조 : 취득, 이전(양도), 교정의 과정이 정당하다면, 그 과정을 통해 얻은 소유물에 대한 소유권은 정당하다.

CHECK√

다음에 해당하는 롤스(Rawls, J.)의 정의의 원칙은?

> 사회적·경제적 불평등은 최소 수혜자에게 최대의 이익을 보장하도록 해야 한다.

① 자유의 원칙　❷ 차등의 원칙
③ 책임의 원칙　④ 다수결의 원칙

  ㄴ 자유 지상주의 : 재화의 분배는 최대한 개인의 자유에 맡겨야 함. 국가는 개인의 소유권을 보호하는 최소한의 역할만 수행(최소 국가, 국가에 의한 재분배 반대)해야 한다.

  ㄷ 정의의 원칙

1. 취득의 원칙	최초의 정당한 취득 행위로 소유권을 가짐
2. 이전(양도)의 원칙	자유로이 양도된 것에 대해서도 정당한 소유권을 가짐
3. 교정의 원칙	취득과 양도 시 과오나 그릇된 절차에 의한 소유는 교정해야 함

③ 왈처 : 복합 평등으로서의 정의

  ㄱ 복합 평등 실현 강조 : 다양한 사회적 가치와 재화는 각 영역의 원칙과 기준에 따라 분배해야 한다. → 지배를 막을 정의의 기준이 필요

  ㄴ 다원적 정의 : 다양한 영역에 따라 각각 다른 정의의 기준이 필요하다고 주장

④ 마르크스

  ㄱ 능력에 따라 노동하고, 필요에 따라 분배받는 사회를 지향하였다.

  ㄴ 실질적인 필요를 충족하도록 분배하여 인간다운 삶을 보장해야 한다.

심화학습　롤스와 노직 주장의 공통점

1) 절차적 정의를 주장
2) 기본적 자유에 대한 침해를 반대
3) 자본주의에 대해 긍정

(4) 분배적 정의와 관련된 윤리적 쟁점

① 우대 정책

  ㄱ 의미 : 사회적 약자에 대한 차별을 시정하기 위하여 그동안 차별받아온 집단의 구성원에게 우선적으로 기회를 부여하는 정책

80

ⓒ 사례 : 장애인 의무 고용제, 농어촌 학생 특별 전형, 여성 고용 할당제, 지역 균형 선발 등이 있다.

ⓒ 윤리적 쟁점

찬성 입장	반대 입장
• 과거 부당한 차별에 대한 보상 • 사회적 격차 해소와 평등한 기회 제공 • 사회적 갈등 완화와 이익 증대	• 특혜는 업적주의에 위배됨 • 과거의 피해와 현재의 보상 간의 불일치 • 역차별로 새로운 갈등을 유발

② 부유세

㉠ 의미 : 일정한 수준 이상의 자산을 보유하고 있는 사람에게 비례적으로 또는 누진적으로 세금을 부과하는 것

㉡ 윤리적 쟁점

찬성 입장	반대 입장
• 부의 재분배를 통해 불평등 해소 • 사회적 빈부 격차를 완화	• 개인의 재산권에 대한 과도한 침해 • 부자들에 대한 또 다른 차별 발생

3 교정적 정의와 윤리적 쟁점

(1) 교정적 정의의 의미와 관점

① 의미와 종류

㉠ 의미 : 사람 사이의 동등하지 않은 관계를 바로잡거나 위반 혹은 침해를 일으킨 사람에 대해 형벌을 가함으로써 공정함을 확보하는 것

> **잠깐**
> **처벌의 예방 효과**
> • 일반 예방 : 범죄자가 받는 처벌을 보고 일반인이 범죄를 저지르지 않게 되는 효과
> • 특수 예방 : 범죄를 저지른 범죄자가 처벌을 받은 후 다시 범죄를 저지르지 않게 되는 효과

㉡ 종류

배상적 정의	손해를 동등한 가치로 회복해 주는 것
형벌적 정의	범죄 행위를 공정하게 처벌하는 것

② 처벌에 대한 관점 **중요⁺**

㉠ 처벌의 의미 : 타인의 권리를 침해하거나 사회의 안녕과 질서를 위협하는 반사회적 행위를 저지른 사람이 법에 따라 받는 벌을 말한다.

ⓛ 응보주의와 공리주의 관점

응보주의	공리주의
• 처벌을 통해 도덕적 형평성 회복 • 처벌의 본질은 범죄행위에 상응하는 동등의 처벌 • 칸트 : 인간은 자신의 행위를 자유롭게 결정할 수 있는 이성적 존재이므로 자신의 행동에 책임을 져야 함 • 비판 : 범죄 예방과 범죄자 교화에 대한 상대적 무관심	• 처벌의 목적은 범죄자의 행동 통제와 교화, 범죄 예방 • 처벌의 본질은 사회적 이익을 증진하기 위한 수단 • 벤담 : 처벌은 범죄를 예방하여 사회 전체의 행복을 증진할 때 가치가 있음 • 비판 : 처벌의 예방 효과를 증명하기 어려움과 인간의 존엄성이 훼손될 수 있음

ⓒ 처벌의 예방 효과

ⓐ 특수한 예방 : 범죄자가 처벌을 받고 두려움을 느끼게 되어 재범을 하지 않게 되는 효과 → 개인의 교화와 재범 방지 강조

ⓑ 일반적 예방 : 범죄자가 받는 처벌이 본보기가 되어 범죄가 예방되는 효과

→ 사회적 범죄 예방 효과 강조

ⓔ 공정한 처벌의 조건

ⓐ 죄형 법정주의 : 처벌 근거로서 법이 있고, 공정하며, 유죄 조건에 부합해야 한다.

ⓑ 비례성의 원칙 : 처벌 목적이 정당하고, 수단이 적합하며, 기본권 제한이 최소화되어야 한다.

(2) 사형 제도의 윤리적 쟁점

① 사형 제도의 의미 : 인위적으로 범죄자의 생명을 박탈하는 형벌로, 생명형 또는 극형이라고도 한다.

알아두면 점수따는 이야기   정의의 여신상의 의미

• 저울 : 공정한 법의 집행과 판결을 상징하는 물건이다.
• 칼 : 그 어떤 외부의 압력에도 굴복하지 않아야 한다는 법의 권위를 나타낸다.
• 눈가리개 : 편견이나 선입견에 좌우되지 않는 공정한 판결을 내리라는 것이다.

② 사형 제도에 대한 찬반 논쟁

찬성 입장(존치론)	반대 입장(폐지론)
• 범죄 억제 효과가 매우 큼 • 국민의 생명, 자유, 재산을 지키기 위한 사회 방어 수단임 • 처벌의 목적은 인과응보적 응징 • 종신형은 경제적 부담이 크고, 비인간적임	• 범죄 예방 효과가 없음 • 인간의 존엄성과 생명권을 부정하는 행위 • 오판 가능성과 교화의 가능성을 부정함 • 정치적으로 악용될 가능성이 있음

③ 사형 제도에 대한 사상가들의 견해 **중요⁺**

칸트	사형은 동등성의 원리(평등의 원리)에 부합 → 인간의 존엄성을 존중하는 것이다(살인한 범죄자의 인격 존중).
루소	사회계약론의 관점 → 살인자가 된다는 것은 자신이 사형을 당해도 좋다는 것에 동의한 것으로 보고, 사형제도에 대해 찬성하였다.
베카리아	공리주의적 관점 → 사형보다 종신 노역형이 범죄 예방에 효과적이라고 보았다.

03 국가와 시민의 윤리

1 국가의 권위와 시민에 대한 의무

(1) 국가의 권위

① 의미 : "명령을 내릴 수 있는 권리" 또는 "통치를 할 수 있는 권리"로서 시민에게 권리를 규정하고, 의무를 부과하는 힘이다.

② 정당성에 관한 관점 **중요⁺**

본성론	• 국가는 인간 본성에 따라 성립된 것이므로 국가에 따라야 하는 것 • 아리스토텔레스 : "국가는 자연적으로 존재하는 것들에 속하며, 인간은 본질적으로 국가에서 살게 되어 있는 동물이다."
동의론	• 시민이 국가에 복종하기로 동의하였으므로 국가는 권위를 가짐 • 사회 계약론 : 개인은 국가가 자신의 생명, 자유, 재산에 관한 권리를 보호해 준다는 조건으로 자발적으로 국가의 명령에 복종하기로 약속함
혜택론	국가는 시민에게 공공재와 관행의 혜택을 제공하기 때문에 권위를 가짐 **예** 국방, 치안, 교통 법규, 도량형 등

| 천명(天命) | • 국가의 권위를 민의에 기초한 천명(天命)의 관점에서 정당화함
• 유교 : 군주의 통치권은 하늘에서 주어진 것으로 백성을 위한 통치 강조 |
| 자연적
의무 | • 국가는 시민의 권리를 보호하고, 행복의 증진과 도덕적 선 실현에 기여
• 롤스 : 시민이 국가에 복종하는 것은 마땅히 지켜야 할 자연적 의무 |

(2) 시민에 대한 국가의 의무

① 동양 **중요⁺**

   ㉠ 유교

      ⓐ 민본, 위민 사상, 군주는 인격 수양으로 덕(德)을 쌓아 백성을 교화시켜 사회를 유지해야 한다.

      ⓑ 공자 : 재화의 고른 분배로 모두 더불어 잘 사는 대동 사회를 이상 사회로 제시하였다.

      ⓒ 맹자 : 왕도 정치의 실시, 백성들이 경제적으로 안정(항산, 恒産)되어 도덕적인 삶(항심, 恒心)을 살 수 있도록 해주어야 한다.

   ㉡ 묵자 : 남의 나라를 내 나라 돌보는 것과 같이 하고, 남을 내 자신을 돌보는 것과 같이 해야 천하의 혼란을 막음, 겸애(兼愛)와 교리(交利)를 강조하였다.

   ㉢ 한비자 : 엄격한 법에 따라 상벌(賞罰)의 적절한 제공으로 국가를 통치하여 사회 질서를 유지해야 한다.

   ㉣ 정약용 : 지방관은 애민(愛民)을 실현해야 한다. → 노인, 어린이, 가난한 사람, 병든 사람 돌봄과 재난을 구함 등을 강조하였다.

② 서양

   ㉠ 사회 계약설 **중요⁺**

구 분	홉스	로크	루소
자연 상태	만인의 만인에 대한 투쟁 상태	평화롭지만 전쟁의 가능성이 있는 상태	평화와 자유로운 상태
국가의 역할	시민의 생명과 재산, 자유 등 기본권을 보호해야 함		

   ㉡ 밀 : 국가는 시민이 타인에게 해악을 끼칠 경우를 제외하고는 시민의 자유 등 기본권을 보장해야 한다.

   ㉢ 롤스 : 사회 정의를 실현하여 구성원들의 선을 증진해 주면서도 정의관에 의해 규제되는 '질서 정연한 사회'를 구현해야 한다.

(3) 국가의 역할에 대한 관점

① 소극적 국가관

㉠ 국가는 시장에 개입을 최소화하고 국방, 외교, 치안 및 질서 유지 등의 기능만을 수행해야 한다.

㉡ 문제점 : 빈부 격차 심화, 공동선을 실현하기 어려움

② 적극적 국가관

㉠ 국가는 시민의 기본적인 욕구를 충족시키고, 다양한 영역에서 복지를 제공해야 한다.

㉡ 문제점 : 개인의 자유 침해와 세금 부담이 증가될 수 있음

2 민주 시민의 참여와 시민 불복종

(1) 민주 시민의 권리와 의무

① 권리

㉠ 사회의 주권자로서 자유를 행사하는 권리를 의미한다.

㉡ 시민으로서 헌법에 규정된 자유권(사상, 종교, 양심, 언론, 집회, 결사), 평등권, 행복 추구권, 참정권 등을 갖는다.

㉢ 개인의 생명과 재산, 인권의 보호와 사회 복지의 증진, 공공재의 효율적인 관리·제공 등을 요구할 수 있다.

> **잠깐**
> **인권의 변화**
> • 1세대 인권 : 자유권적 기본권(신체와 사상의 자유)
> • 2세대 인권 : 사회권적 기본권 (사회 보장에 대한 권리)
> • 3세대 인권 : 연대와 단결의 권리(사회적 소수자·평화·환경에 대한 권리)
> • 4세대 인권 : 정보화 시대의 인권(정보 접근권)

② 의무

㉠ 시민으로서 사회 질서 유지와 조정을 위해 마땅히 해야 하는 일을 의미한다.

㉡ 납세·국방·교육·근로·준법의 의무, 정치 참여의 의무 등을 이행해야 한다.

㉢ 동·서양 시민의 의무

동 양	• 유교 : 백성은 부모에 대한 효도와 같이 국가에 충성하는 것 • 맹자 : 군주가 백성을 위한 정치를 하지 않으면 역성혁명이 가능함
서 양	• 사회계약설 : 타인의 자유와 권리를 침해하지 않고, 정치 공동체의 구성으로서 공동선을 추구하는 것

(2) 민주 시민의 참여

① 참여의 의미와 필요성

　㉠ 의미 : 정부의 정책 결정 과정에 대해서 영향을 미치는 것을 목적으로 한 시민의 활동이다.

　㉡ 필요성 : 개인의 권리 보장, 대의민주주의 한계 보완, 공공의 이익 증진, 공동체의 발전 등을 이루기 위함이다.

② 참여의 방법과 한계

　㉠ 방법

제도적 노력	선거, 주민 소환제, 주민 발의제, 국민 참여 재판, 주민 참여 예산제 등
비제도적 노력	행정 기관에 건의, 여론 형성 활동, 시민 단체 활동 등

　㉡ 한계 : 개인 또는 자기가 속한 집단의 이익만을 추구할 경우 시민 전체의 의사 왜곡과 사회적 갈등을 심화시킬 수 있다.

③ 정치 참여의 영향

　㉠ 공적 담론화의 활성화와 공정한 사회 제도 수립에 기여할 수 있다.

　㉡ 시민 사회의 공동체 의식 함양에 기여할 수 있다.

(3) 시민 불복종 　중요⁺

① 의미와 특징

　㉠ 의미 : 사회의 정의롭지 못한 법률이나 정책 등을 개정하려는 목적에서 행하는 시민의 의도적 위법 행위이다.

　㉡ 특징 : 자신이 생각하는 정의에 관한 규범적·윤리적 근거를 널리 알리기 위해 공개적·의식적으로 법을 위반한다.

② 이론적 근거

　㉠ 소로 : 인두세의 부당함을 느끼고 납부를 거부하면서 시민 불복종에 대한 본격적인 관심과 논의를 불러일으켰다.

　　→ "국민으로서 법에 대한 존경심보다 인간으로서 양심을 우선해야 한다."

　㉡ 롤스 : 평등한 자유의 원칙이나 공정한 기회 균등의 원칙 등 정의의 원칙(사회적 다수의 정의관)에 어긋나는 법이나 정책은 저항이 가능하다.

> **바로 바로 CHECK√**
>
> ## 다음 설명에 해당하는 것은?
>
> 　이것은 정의롭지 않은 사회 제도를 의도적으로 거부하는 시민 저항 운동이다. 간디의 비폭력 저항과 마틴 루서 킹(King, M. L. Jr.)의 흑인 인권 운동이 이에 해당한다.
>
> ① 협동 조합　　② 노동 운동
> ❸ 시민 불복종　④ 난민 구호 활동

ⓒ 드워킨 : 시민은 헌법 정신에 어긋나는 법률에 대해 저항할 수 있다.

→ 시민 불복종의 유형을 양심 기반, 정의 기반, 정책 기반으로 구분하였다.

② 싱어 : 시민 불복종에 따른 이익과 손해, 성공 가능성을 고려해야 한다.

심화학습 │ 시민 불복종 사례

- 톨스토이의 반전 운동
- 간디의 비폭력 불복종 운동
- 마틴 루서 킹의 흑인 인권 운동
- 1980년대 우리나라의 방송 시청료 납부 거부 운동
- 여성 참정권 획득을 위한 미국과 영국의 시민운동
- 남아프리카 공화국의 인종 분리 정책에 대한 반대 운동

③ 정당화 조건과 한계

㉠ 정당화 조건

정당성	개인이나 집단의 이익이 아닌 사회 정의 원리를 따라야 함
공개성	정당성을 알리기 위하여 공개적으로 저항해야 함
비폭력성	도덕적·평화적인 방법으로 이루어져야 함
최후의 수단	합법적인 노력 후에 마지막 수단으로 사용되어야 함
처벌의 감수	전체적인 법질서의 준수를 전제해야 함

㉡ 한계

ⓐ 무고한 시민들에게 피해를 줄 가능성이 있다.

ⓑ 과도한 시민 불복종은 법질서의 안정성을 해칠 수 있다.

ⓒ 시민 불복종에 참여하는 일부 시민이 전체 시민의 의사를 대변하기 어렵다.

ⓓ 정의와 양심을 내세우지만 실제로는 집단 이기주의의 가능성이 있다.

심화학습 │ 인권의 의미와 특성

1) 의미 : 인간이라면 누구나 가지는 기본적인 권리로서, 생존권, 자유권, 평등권, 참정권 등 인간다운 삶을 위해 필요한 기본적인 권리를 포함한다.

2) 특성
- 보편성 : 인종, 성별, 신분 등에 관계없이 인간이라면 누구나 동등하게 누려야 함
- 천부성 : 인간이라면 누구나 태어나면서 자연적으로 얻음
- 항구성 : 인권은 박탈당하지 않고 영구히 보장됨
- 불가침성 : 본질적인 부분은 어떠한 경우에도 침해할 수 없음

01 | 직업과 청렴의 윤리

1 직업 생활과 행복한 삶

1) 동양의 직업관

공자	자신이 맡은 사회적 임무와 역할에 충실해야 한다는 '정명(正名) 사상'
맹자	"일반 백성은 항산(恒産, 생업)이 없으면 그로 인하여 항심(恒心, 도덕적 마음)도 없어지게 된다."
순자	예(禮)를 통해 인간의 욕망 절제, 능력에 따른 역할 분담을 강조
장인정신	자기 일에 긍지를 가지고 전념하거나, 한 가지 기술에 정통하려고 노력하는 자세

2) 서양의 직업관

플라톤	계급에 맞는 역할을 충실히 수행해야 이상적인 국가가 실현된다고 주장
중세 크리스트교	노동은 원죄에 대한 속죄의 의미로서 수행되어야 하는 것
칼뱅	소명의식(김命意識) : 직업은 '신으로부터 부름을 받은 자기 몫'이며 자신의 직업에 충실히 종사하는 것이 바로 신의 명령에 따르는 것
마르크스	인간은 노동을 통해 자아실현을 하는 존재, 분업이 노동력 착취와 인간 소외 현상을 더욱 심화

2 직업 윤리와 청렴

1) 기업가 윤리와 근로자 윤리

기업가	건전한 이윤 추구, 소비자와 근로자의 권리 존중, 사회적 책임 이행
근로자	자신의 책임과 역할을 성실 수행, 전문성 향상, 동료와 연대 의식 형성

2) 전문직과 공직자 윤리

전문직	높은 수준의 도덕성과 직업 윤리, '노블레스 오블리주'의 실천
공직자	투철한 사명감과 책임감, 멸사봉공, 청렴(淸廉) 또는 청백리 정신 함양

3) 청렴의 의미와 노력

의 미	성품과 품행이 맑고 깨끗하며 탐욕을 부리지 않는 상태
전통 윤리	청백리(淸白吏) 정신, 견리사의(見利思義) 자세

02 | 사회 정의와 윤리

1 사회 윤리와 사회 정의

1) 니부어의 사회 윤리

- 개인적으로 도덕적인 사람도 소속된 집단의 이익을 위해서는 이기적으로 행동하기 쉽다.
- 개인의 선한 의지만으로는 정의를 실현할 수 없다.
  → 사회 정책과 제도의 개선을 통한 문제 해결을 강조

2 분배적 정의의 의미와 기준, 관점

1) 기준과 한계

기 준	절대적 평등, 업적, 능력, 필요 등
한 계	장점과 단점으로 사회 구성원의 합의 도출 어려움 → 절차적 정의 강조

2) 다양한 관점

롤스	• 공정으로서의 정의 → 절차적 정의 강조 • 정의의 원칙 : 평등한 자유의 원칙, 차등의 원칙, 기회 균등의 원칙
노직	• 소유 권리로서의 정의 → 자유 지상주의 • 취득의 원칙, 이전(양도)의 원칙, 교정의 원칙
기타	• 왈처 : 복합 평등으로서의 정의　　　• 마르크스 : 능력 → 일, 필요 → 분배

3 교정적 정의와 윤리적 쟁점

1) 교정적 정의의 관점

응보주의	공리주의
• 처벌을 통해 도덕적 형평성 회복 • 칸트 : 이성적 존재, 자신의 행동에 책임	• 범죄자 행동 통제와 교화, 범죄 예방 • 벤담 : 범죄 예방, 행복을 증진할 때 가치

2) 사형제도의 윤리적 쟁점

찬성 입장	반대 입장
• 국민의 생명, 자유, 재산을 지키기 위한 사회 방어 수단 • 범죄 억제 효과가 큼	• 범죄 예방 효과가 없음, 오판 가능성 • 인간의 존엄성과 생명권을 부정하는 행위

03 | 국가와 시민의 윤리

1 국가의 권위와 시민에 대한 의무

동 양	• 유교 : 공자(대동 사회 제시), 맹자(왕도 정치 실시) • 묵자 : 겸애(兼愛)와 교리(交利) 강조
서 양	• 사회 계약설 : 홉스, 로크, 루소 → 시민의 생명과 재산, 자유 등 기본권 보호 • 롤스 : 사회 정의 실현, 정의관에 의해 규제되는 '질서 정연한 사회' 구현

2 시민 불복종

이론적 근거	• 소로 : 인두세 납부를 거부, 시민 불복종에 대한 본격적인 관심과 논의 • 롤스 : 정의의 원칙에 어긋나는 법이나 정책은 저항이 가능 • 드워킨 : 시민은 헌법 정신에 어긋나는 법률에 대해 저항 가능 • 싱어 : 시민 불복종에 따른 이익과 손해, 성공 가능성을 고려
정당화 조건	정당성, 공개성, 비폭력성, 최후의 수단, 처벌의 감수

1 동·서양의 직업관

동 양	• 공자 : 정명(正名) 사상 • ___①___ : "일반 백성은 항산(恒産)이 없으면 그로 인하여 항심(恒心, 도덕적 마음)도 없어지게 된다."
서 양	• 플라톤 : 계급에 맞는 역할을 충실히 수행해야 이상적인 국가가 실현 • 칼뱅의 ___②___ (김命意識) : 직업은 '신으로부터 부름을 받은 자기 몫'이며 자신의 직업에 충실히 종사하는 것이 바로 신의 명령에 따르는 것

① 맹자

② 소명의식

2 직업 윤리와 청렴

전문직	• 높은 수준의 도덕성과 직업 윤리 • '노블레스 오블리주'의 실천
공직자	• 투철한 사명감과 책임감, 멸사봉공 • 청렴(淸廉) 또는 ___③___ 정신 함양

③ 청백리

3 니부어의 사회 윤리

• 개인적으로 ___④___ 사람도 소속된 집단의 이익을 위해서는 이기적으로 행동하기 쉽다.
• 개인의 선한 의지만으로는 정의를 실현할 수 없다.
   → 사회 정책과 제도의 개선을 통한 문제 해결을 강조

④ 도덕적인

4 분배적 정의의 관점

롤스	• 공정으로서의 정의 → 절차적 정의 강조 • 정의의 원칙 : ___⑤___ 자유의 원칙, ___⑥___ 의 원칙, 기회 균등의 원칙
노직	• 소유 권리로서의 정의 → 자유 지상주의 • 취득의 원칙, 이전(양도)의 원칙, 교정의 원칙

⑤ 평등한
⑥ 차등

5 시민 불복종

이론적 근거	• ___⑦___ , 롤스, 드워킨, 싱어 등
정당화 조건	정당성, 공개성, 비폭력성, 최후의 수단, ___⑧___ 의 감수

⑦ 소로
⑧ 처벌

1. 관련 있는 내용을 보기에서 골라 (   ) 안에 쓰시오.

> ㉠ 소명의식   ㉡ 니부어
> ㉢ 롤스   ㉣ 시민 불복종

1) 정의의 원칙으로 '평등한 자유의 원칙', '차등의 원칙', '기회 균등의 원칙'을 제시하였다.   (   )

2) 정당화의 조건으로 정당성, 공개성, 비폭력성, 최후의 수단, 처벌의 감수 등이 있다.   (   )

3) 칼뱅이 직업은 '신으로부터 부름을 받은 자기 몫'이며 자신의 직업에 충실히 종사하는 것이 바로 신의 명령에 따르는 것이라고 하였다.   (   )

4) 사회 정의는 개인의 도덕성 함양과 더불어 사회 구조와 제도 개선을 통해서 실현 가능하다고 보았다.   (   )

2. 다음 설명이 맞으면 ○표, 틀리면 ×표를 하시오.

1) 청렴과 관련된 전통 윤리로는 '청백리(淸白吏) 정신', '견리사의(見利思義) 자세' 등이 있다. (   )

2) 칸트는 생명권을 양도하는 것은 사회 계약의 내용이 아닌 것으로 보아 사형을 반대하였다. (   )

3) 사회 계약설(홉스, 로크, 루소)에서 '국가의 역할은 시민의 생명과 재산, 자유 등 기본권을 보호하는 것이다.'라고 하였다.   (   )

4) 맹자는 군주가 백성을 위한 정치를 하지 않으면 역성혁명이 가능하다고 하였다.   (   )

5 시민 불복종의 이론적 근거로 소로, 롤스, 드워킨 등의 사상가들이 있다. (   )

3. 서로 관련된 내용으로 바르게 연결하시오.

1) 묵자   ●   ● ㉠ 소명의식

2) 칼뱅   ●   ● ㉡ 겸애(兼愛)를 실천

3) 롤스   ●   ● ㉢ 공정으로서의 정의

4) 노직   ●   ● ㉣ 소유 권리로서의 정의

1.
1) (㉢)
2) (㉣)
3) (㉠)
4) (㉡)

2.
1) (○)
2) (×)
 칸트는 살인자에 대한 정당한 형벌로서 사형을 주장하였고, 베카리아가 반대하였다.
3) (○)
4) (○)
5) (○)

3.
1) – ㉡
2) – ㉠
3) – ㉢
4) – ㉣

실전 예상문제

01 다음 내용이 설명하는 직업윤리 의식은?

기출

> • 신으로부터 부름받은 자기 몫의 일에 충실함
> • 개인의 위치에서 주어진 일에 최선을 다하려는 의식임

① 소명 의식 ② 특권 의식

③ 평등 의식 ④ 경쟁 의식

01

제시된 내용에서 설명하는 직업윤리 의식은 칼뱅의 '소명의식(召命意識)'이다. 직업은 신으로부터 부름 받은 자기 몫의 일이며, 신의 거룩한 부름에 충실히 수행하는 것이라고 하였다.

02 설명하는 내용과 관련한 직업의 가치로 가장 적절한 것은?

고난도

맹자 : "백성들은 항산(恒産)이 없으면 항심(恒心)을 유지하기 어렵다."

① 개인의 자아실현을 위한 장이다.

② 경제적으로 안정된 삶을 보장한다.

③ 능력을 발휘하여 보람과 성취감을 느낀다.

④ 사회 발전에 기여할 수 있다.

02

인간은 직업을 통하여 일정한 보수를 받고, 윤택하고 안정된 삶을 영위할 수 있다.

03 다음의 밑줄 친 내용과 관련된 인물은?

> 우리는 신이 우리 모두에게 우리 삶의 모든 행위를 할 때 그의 부르심에 주목할 것을 명령하고 계시다는 점을 기억해야 한다. 신은 여러 가지 삶의 계층과 삶의 양식을 구분해 놓음으로써 각 사람이 해야 할 일을 순서를 정해 두셨다. 신은 그 같은 삶의 양식들을 <u>소명</u>이라고 명하였다.

① 플라톤 ② 칼뱅

③ 루소 ④ 마르크스

03

칼뱅은 직업을 신이 부여한 소명으로 생각하였고, 사람들은 자신의 일을 성실히 수행해야 한다고 강조하였다.

ANSWER

01. ① **02.** ② **03.** ②

04 다음에서 설명하는 것은?

> 성품과 품행이 맑고 깨끗하며, 탐욕을 부리지 않는 것을 의미하며, 깨끗한 사회를 만들기 위한 공직자의 의무라 할 수 있다.

① 부패
② 부정
③ 청렴
④ 정실주의

05 공직자에게 요구되는 자세이다. 옳은 내용을 모두 고른 학생은?

자세 \ 학생	A	B	C	D
검소한 생활 태도	√	√	√	√
봉공(奉公)의 자세		√		√
청백리 정신 함양			√	√

① A
② B
③ C
④ D

06 ㉠에 들어갈 가장 적절한 말은?

기출

• 체크 리스트를 통해 자신의 (㉠)을 점검해 보자.

번호	항목	○	×
1	지인에게 청탁하는 행동은 괜찮다.		
2	가족의 이익을 위해서는 직위를 남용해도 된다.		
3	성의 표시의 돈은 액수에 상관없이 받아도 된다.		

① 청렴 의식
② 진로 의식
③ 선민 의식
④ 양성평등 의식

04
청렴이란 성품과 품행이 맑고 깨끗하며 탐욕을 부리지 않는 것으로, 반부패, 투명성, 공정성, 책임성을 포함하는 포괄적 개념이다. 공직자의 청렴은 깨끗한 사회를 만들기 위한 것이며, 공무원의 의무이다.

05
공직자에게는 엄격하고 공평한 업무 처리 자세와 불합리한 제도 개선, 청렴한 공직의 조성 등을 위한 노력을 해야 한다.

06
제시된 내용 ㉠에 들어갈 적절한 말은 '청렴 의식'이다. 청렴은 성품과 품행이 맑고 깨끗하며, 탐욕을 부리지 않는 것으로 넓게는 반부패, 공정성, 책임성을 포함하는 포괄적 개념이다.

ANSWER

04. ③   05. ④   06. ①

07 청렴한 사회를 만들기 위한 노력으로 옳지 <u>않은</u> 것은?

기출
① 사회 정의 의식을 강화한다.
② 부정부패의 감시 및 견제 방법을 마련한다.
③ 부정부패를 관대하게 여기는 풍토를 개선한다.
④ 혈연, 지연을 중시하는 사회적 관행을 형성한다.

08 다음에서 공통으로 강조하고 있는 기업가의 역할은?

고난도

> • 애덤 스미스 : "개개인이 자기 이익을 추구할 때 '보이지 않는 손'에 의해 오히려 사회 전체에 큰 이익을 미칠 수 있다."
> • 프리드먼 : "기업에 사회적 책임을 강조하는 것은 경영자에게 소유주나 주주들의 권익을 보호해야 할 책임을 이행하지 못하도록 막는 것이다."

① 윤리 경영   ② 사회 공헌
③ 공적 활동   ④ 이윤 추구

09 기업가의 사회적 책임에 해당하지 <u>않는</u> 것은?

기출
① 성실한 세금 납부
② 재무 회계의 투명성
③ 불공정한 이윤 창출
④ 신뢰성 있는 상품 생산

10
기출

기자의 질문에서 ㉠에 들어갈 말로 가장 적절한 것은?

기업의 (㉠)에 대해 말씀해 주세요.

건전한 기업은 법을 지키면서 이윤을 극대화하도록 노력해야 합니다. 그 과정에서 사회적 해악을 끼쳐서는 안 됩니다. 또한 장애인 고용, 교육 사업 지원 등 적극적인 사회적 책무를 다해야 합니다.

기자   시민

① 내부 고발   ② 특권 의식
③ 장인 정신   ④ 사회적 책임

10

제시된 내용의 ㉠은 기업의 '사회적 책임' 이다. 기업은 이윤 추구를 통하여 기업의 존속을 도모하고, 법과 윤리의 범위 안에서 공적으로 활동하여 사회에 이바지해야 한다.

11
기출

직업인이 지녀야 할 윤리적 자세를 〈보기〉에서 고른 것은?

┌보기┐
ㄱ. 전문성   ㄴ. 소명 의식
ㄷ. 이기주의   ㄹ. 황금만능주의

① ㄱ, ㄴ   ② ㄱ, ㄹ
③ ㄴ, ㄷ   ④ ㄷ, ㄹ

11

직업인이 지녀야할 윤리적 자세로는 근로 계약에 따라 노동 생산성 향상과 기업의 이익 보호를 위해 성실하게 일해야 하며, 투철한 직업 윤리 의식을 가지고, 자신이 맡은 분야에서 전문가가 될 수 있도록 노력해야 한다.

12

다음과 관련 있는 직업 윤리의 기본 원칙은?

• 일상생활에서 우리는 자신이 맡은 업무를 탁월하게 수행하는 사람을 높이 평가한다.
• 맡은 업무에 대한 전문적인 기술과 지식을 지님으로써 업무를 제대로 수행할 수 있다.

① 전문성   ② 연대의식
③ 소명의식   ④ 사회적 책임

12

전문성은 직업의 종류와 관계없이 자신이 맡은 업무를 탁월하게 수행하는 특성을 말한다.

ANSWER
10. ④   11. ①   12. ①

13 사회 윤리에 대한 설명으로 옳지 <u>않은</u> 것은?

① 사회 구조나 제도와 관련된 윤리 문제를 해결하기 위한 도구적 규범이다.

② 사회 구조와 제도, 정책의 도덕성 등이 중심 내용이다.

③ 사회의 윤리 문제 발생 원인을 정의롭지 않은 사회 구조에서 찾는다.

④ 사회의 윤리 문제를 개인의 도덕성 함양을 통해 해결하고자 한다.

14 다음 사상가의 입장으로 가장 적절한 것은?

기출

> 개인적 이기심은 개별적으로 점잖게 나타나지만, 집단적 이기심으로 나타날 때에는 더욱 이기적인 모습으로 나타난다.
>
> – 니부어(Niebuhr, R.) –

① 집단의 도덕성은 개인의 도덕성보다 항상 높다.

② 개인의 선한 의지만으로 사회 정의를 실현할 수 있다.

③ 사회 문제 해결을 위해 사회 제도의 개선이 필요하다.

④ 개인의 도덕성은 사회의 도덕성에 영향을 받지 않는다.

15 정의의 기능에 대한 설명으로 옳지 <u>않은</u> 것은?

① 현대 사회에 옳고 그름의 기준을 제시하고 있다.

② 사회 규범을 형성하고 도덕적 판단의 기준이 된다.

③ 분배 과정에서 조정과 합의를 도출해 줄 수 있다.

④ 정의에 대한 의견은 시대와 사상에 관계없이 일정하다.

13
개인 윤리에 해당하는 설명이다. 사회 윤리의 경우에는 사회의 윤리 문제를 사회 구조와 제도 등의 보완·개선을 통해 해결하고자 한다.

14
제시된 사상가 니부어의 사회 윤리는 사회적 도덕 문제의 원인 분석과 관련하여 사회 집단의 도덕성은 개인의 도덕성보다 현저하게 떨어진다는 것으로 개인적으로는 상당히 도덕적인 사람도 자기가 소속된 집단의 이익을 위해서는 이기적으로 행동하기 쉽다고 보았다. 이를 해결하기 위한 방안으로 니부어는 사회 정책과 제도의 개선을 통한 문제 해결을 강조하였다.

15
정의에 대한 의견은 시대와 사상에 따라 다양하게 변화했다.

ANSWER

13. ④ 14. ③ 15. ④

16 다음과 같이 주장한 윤리적 사상가는?

> 생산자, 수호자, 통치자의 세 계층이 각각 타고난 본성에 따라 그에 부합하는 고유의 기능을 수행하여 전체적으로 조화를 이룬 상태가 정의이다.

① 노자   ② 순자
③ 플라톤   ④ 하버마스

16
제시된 내용을 주장한 윤리적 사상가는 '플라톤'이다. 이상적인 국가를 위한 구성원을 생산자, 수호자, 통치자의 세 계층으로 나누고, 절제의 덕, 용기의 덕, 지혜의 덕이 잘 발휘되어 조화를 이룬 상태가 '정의'라 하였다.
① 노자 : 도가(道家)의 시조
② 순자 : 성악설(性惡說) 주장
④ 하버마스 : '담론 윤리'

17 정의로운 사회 구현을 위한 조건으로 옳은 것만을 〈보기〉에서 모두 고른 것은?

> 보기
> ㄱ. 기본권 보장   ㄴ. 공권력의 남용
> ㄷ. 사회적 약자 배려   ㄹ. 공정한 분배 실현

① ㄱ, ㄴ   ② ㄴ, ㄷ
③ ㄱ, ㄴ, ㄷ   ④ ㄱ, ㄷ, ㄹ

17
정의로운 사회 구현을 위한 조건으로는 인간의 기본권(존엄성) 보장, 사회적 약자 배려, 공정한 분배 실현, 노블레스 오블리주의 실천 등이 있다.

18 다음에서 설명하는 분배적 정의의 기준에 해당하는 것은?

> 분배가 한쪽의 이익에 치우치지 않고 똑같이 이루어지는 것으로, 기본적으로 자유로운 기회와 권리를 분배하는 데 적용될 수 있다.

① 형평성   ② 차등의 원칙
③ 사회적 약자 보호   ④ 절대적 평등

18
분배적 정의의 기준 중 절대적 평등에 대한 내용이다.

ANSWER
16. ③ 17. ④ 18. ④

19

19 다음 설명에 해당하는 분배의 기준은?

기출

> 자격증을 가지고 있는 사람이나 다양한 경력을 쌓아 탁월한 재주가 있는 사람이 그렇지 않은 사람보다 더 나은 우대와 보상을 받는 것이 공정하다.

① 필요   ② 자유

③ 능력   ④ 욕망

19
제시된 내용에 해당하는 분배의 기준은 ③ '능력'이다. 분배적 정의 기준으로 절대적 평등, 필요, 능력, 업적, 노동, 노력 등으로 나눌 수 있다.

20 다음 빈칸에 들어갈 말은?

> 아리스토텔레스의 ( )는 사회 속에서 명예나 재산 등 각자의 몫을 정당하게 분배하는 것을 말한다.

① 분배 정의   ② 효율 정의

③ 실질 정의   ④ 평등 정의

20
아리스토텔레스의 분배 정의는 사회 속에서 명예나 재산 등 각자의 몫을 정당하게 분배하는 것을 말한다.

21 다음 롤스(Rawls, J.)의 주장에서 밑줄 친 ㉠에 해당하지

기출 않는 것은?

> 원초적 입장에서 사람들은 ㉠ 정의의 원칙들에 합의할 것이다. 그 원칙들에 입각하여 기본적 자유가 보장되고, 최소 수혜자를 포함한 모든 구성원의 이익이 증대되어야 한다.

① 차등의 원칙

② 유용성의 원칙

③ 평등한 자유의 원칙

④ 공정한 기회균등의 원칙

21
제시된 내용은 롤스의 정의론이다. 롤스의 정의 제1원칙은 자유 우선의 원칙으로 모든 사람은 기본적 자유에서 평등한 권리를 가져야 한다는 평등한 자유의 원칙이고, 제2원칙은 사회적·경제적 불평등은 최소 수혜자에게 최대의 이익을 보장하는 차등의 원칙과 그 불평등의 계기가 되는 지위에 접근할 수 있는 기회는 모든 사람에게 평등하게 개방되는 기회 균등의 원칙이다.

ANSWER
19. ③   **20.** ①   **21.** ②

22 다음과 관련된 인물과 연결된 내용이 옳은 것은?

고난도

〈정의의 원칙〉

• 취득의 원칙
• 이전의 원칙
• 부정의 교정의 원칙

① 롤스 – 공정으로서의 정의
② 노직 – 소유 권리로서의 정의
③ 왈처 – 복합 평등으로서의 정의
④ 아리스토텔레스 – 분배로서의 정의

23 '법적 정의'에 대한 설명으로 가장 적절하지 <u>않은</u> 것은?

기출
① 범죄자를 교화하기 위해 필요하다.
② 잘못을 하면 공정한 처벌을 받아야 한다.
③ 사회적 이익과 부담을 공정하게 분배한다.
④ 반사회적 행위는 그에 따른 책임을 져야 한다.

24 다음의 밑줄 친 (가)와 (나)에 해당하는 두 사상가는?

(가) _____ : 처벌의 목적은 범죄자의 행동을 통제하고 교화하는 데 있다.
(나) _____ : 처벌은 범죄자가 범죄를 저질렀기 때문에 가해지는 것이며, 다른 이익을 증진하기 위한 수단으로 가해질 수 없다.

① (가) 벤담 – 공리주의, (나) 칸트 – 응보주의
② (가) 밀 – 공리주의, (나) 베카리아 – 응보주의
③ (가) 루소 – 공리주의, (나) 칸트 – 응보주의
④ (가) 칸트 – 공리주의, (나) 벤담 – 응보주의

22

노직은 개인의 소유권을 강조하여 취득, 이전(양도)의 과정이 정당하다면 그 과정을 통해 얻은 소유물에 대해서는 배타적이고 절대적인 권리를 갖는다고 하였다.

23

'법'의 의미는 어기면 타인과 사회에 큰 피해를 주는 행위를 규제하는 규범이고, 사회 질서를 유지하는 강제적 규범으로서 위반 시에는 강제적 처벌이 따르는 타율적 규범이다. 법의 목적은 정의 실현과 공공복리 증진으로 '법적 정의'는 법을 이용하여 법이 추구하는 궁극적인 이념인 정의를 구현하는 것이다.

24

(가)는 공리주의 입장에서의 벤담이고, (나)는 응보주의 입장에서의 칸트이다. 사형 제도와 관련하여 베카리아는 사형에 반대하고 공리주의적 관점에서 사형보다 종신 노역형을 주장하였으며 루소는 사회 계약설의 관점에서 살인자에 대한 사형에 동의하였다.

ANSWER
22. ② **23.** ③ **24.** ①

25 사형 제도의 반대 논거에 해당하는 것은?

① 다른 사람을 살해한 자는 그 범죄에 상응하는 대가로 자기의 생명을 박탈당해야 한다.

② 사회 방위를 위하여 유해한 범죄자를 사회로부터 완전히 격리시켜야 한다.

③ 중대 범죄에 대하여 이를 위협하지 않으면 법익을 보호할 수 없다.

④ 오판 가능성이 있고, 정치 반대 세력에 대한 탄압 도구로 악용될 수 있다.

25
①, ②, ③은 사형 제도의 찬성 논거에 해당한다.

26 (가), (나)에 들어갈 내용으로 적절하지 <u>않은</u> 것은?

기출

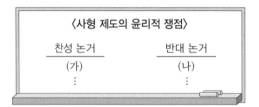

〈사형 제도의 윤리적 쟁점〉

찬성 논거	반대 논거
(가)	(나)
⋮	⋮

① (가) : 범죄 억제 효과가 있다.

② (가) : 사회 정의 실현에 기여할 수 있다.

③ (나) : 범죄자의 생명권을 침해할 수 있다.

④ (나) : 판결의 오류 가능성이 절대로 없다.

26
제시된 내용은 사형 제도의 윤리적 쟁점과 관련하여 찬성 논거와 반대 논거이다.
(가)의 입장으로는 응보주의 관점, 시기 상조론적 등의 관점이 있고, (나)의 입장에는 범죄 억제의 효과가 적음, 응보주의적 관점에 대한 비판, 탄압 도구로서 악용, 그리고 특히 오판의 가능성이 있어서 오판으로 사형이 집행되면 원상회복이 불가능하다는 점을 강조한다.

27 인권에 대한 설명으로 가장 적절하지 <u>않은</u> 것은?

① 인권은 박탈당하지 않고 영구히 보장된다.

② 인간은 누구나 태어나면서 자연적으로 인권을 보장받는다.

③ 불가피한 상황에서는 인권의 본질적인 부분이 침해당할 수 있다.

④ 인권은 인종이나 성별, 신분 등에 관계없이 인간이라면 누구나 동등하게 누려야 할 권리이다.

27
인권의 본질적인 부분은 어떠한 경우에도 침해당할 수 없다.

ANSWER
25. ④   26. ④   27. ③

28 다음 내용과 관련된 동양의 사상가는?

> 모든 천하의 재난과 찬탈과 원한이 생겨나는 까닭은 서로 사랑하지 않는 데서 생겨난다. 모두가 아울러 서로 사랑하고 모두가 서로 이롭게 하는 방법으로서 이를 대신해야 한다.

① 공자　　　　　② 묵자
③ 한비자　　　　④ 정약용

28
묵자는 군주는 남의 나라를 내 나라 돌보는 것과 같이 하고, 남을 자신을 돌보는 것과 같이 하는 겸애(兼愛)를 실천해야 한다고 주장하였다.

29 다음은 사회 계약론자의 내용을 정리한 것이다. (가)에 들어갈 내용으로 가장 적절한 것은?

구 분	홉스	로크	루소
자연 상태	만인대 만인의 투쟁	평화롭지만 전쟁 가능성 있음	평화와 자유의 상태
국가의 역할	(가)		

① 절대적인 권력을 행사하여 관리·통제한다.
② 시민 공동체를 위해 국방과 안보만을 위해 존재한다.
③ 시민의 생명과 재산, 자유를 보호해야 한다.
④ 재화를 고르게 분배하여 사회의 안정을 도모해야한다.

29
사회 계약론자들은 공통적으로 국가가 시민의 생명, 재산, 자유 등 기본권을 보호할 의무가 있다는 점에는 모두 동의한다.

30 롤스의 주장 내용이다. (　　)에 들어갈 내용으로 가장 적절한 것은?

> 국가는 개인의 평등한 자유를 보장하고, 사회의 가장 불리한 위치에 있는 사람에게 최대 이익이 돌아가게 하며, 사회에서 누구나 높은 지위에 오를 수 있는 기회가 평등하게 부여되는 (　　　　　)를 실현해야 한다.

① 질서 정연한 사회　② 정의로운 사회
③ 민주 시민 사회　　④ 시민 공동체 사회

30
롤스가 말한 '질서 정연한 사회'란 구성원의 선(善)을 증진해 주고 공공의 정의관에 의해 규제되는 사회를 의미한다.

ANSWER

28. ②　29. ③　30. ①

31 다음 퀴즈에 대한 정답으로 옳은 것은?

기출

🔔 ㉐ 도덕 골든벨 ㉑

이것은 공개적으로 법을 위반하는 행위입니다. 이것은 행위의 목적이 정당해야 하며, 비폭력적이고 최후의 수단으로 사용되어야 합니다. 이것은 무엇일까요?

① 준법   ② 선거

③ 인권   ④ 시민 불복종

31

제시된 내용에 해당하는 것은 ④ '시민 불복종'이다. 기본권을 침해하는 부당한 법에 대항하여 이를 폐기 또는 개정하기 위해 해당 법을 위반하는 행위를 말하는 것으로 시민 불복종의 정당화 조건으로는 정당성, 공공성, 비폭력성, 최후의 수단, 처벌의 감수 등이 있다.

32 시민 불복종의 정당화 조건이다. 옳지 <u>않은</u> 것은?

① 최후의 수단 : 마지막 수단으로 사용해야 함

② 비폭력성 : 비폭력적인 방법으로 행해야 함

③ 공개성 : 정당성을 위해 공개적으로 저항해야 함

④ 무처벌 원칙 : 법에 의한 처벌을 받지 않아야 함

32

시민 불복종의 정당화의 조건으로 위법 행위에 대한 처벌을 감수함으로써 기존의 법질서를 존중하고 있음을 분명히 해야 한다.

ANSWER

31. ④   32. ④

CHAPTER
04

과학과 윤리

과학과 윤리

1. 과학 기술의 가치 중립성에 관한 논쟁, 과학 기술의 사회적 책임에 대해 파악한다.
2. 정보 기술 발달에 따른 사이버 폭력, 사생활 침해, 저작권 침해 등의 윤리적 문제와 뉴 미디어 시대의 매체 윤리 등을 확인한다.
3. 동·서양의 자연관, 인간 중심주의, 동물 중심주의, 생명 중심주의, 생태 중심주의 등의 내용과 환경 문제에 대한 윤리적 쟁점 등을 확인한다.

01 과학 기술과 윤리

1 과학 기술의 가치 중립성 논쟁

(1) 과학 기술의 성과와 문제점

① 과학 기술의 성과

ㄱ 물질적 풍요와 편리한 삶을 누릴 수 있게 되었다.

ㄴ 건강 증진과 생명 연장 등의 혜택을 누릴 수 있게 되었다.

ㄷ 시간·공간적 제약 극복이 이루어져 활동 영역이 확대되었다.

② 과학 기술의 문제점

ㄱ 인권 및 사생활 침해 : 사이버 공간에서의 개인 정보 유출 및 사생활 침해 문제, 사이버 폭력으로 인한 인권 침해 문제, 사회 감시와 통제 체제의 작동이 우려되고 있다.

> 전자 '판옵티콘(Panopticon)'이라는 감시 체제 사회, '빅브라더'의 출현에 대한 우려

> **판옵티콘(panopticon)과 빅브라더** 검색
> • 판옵티콘 : 벤담(Bentham)이 죄수를 감시할 목적으로 고안한 원형 감옥으로, 중앙의 감시탑 안에서 감방 속 수감자들의 일거수일투족을 속속들이 들여다볼 수 있다.
> • 빅브라더 : 정보를 독점하고 사회를 통제하는 권력을 일컫는 말로, 조지 오웰의 소설 '1984'에 처음 등장하였다.

ㄴ 생명의 존엄성 훼손 : 낙태, 안락사, 생명 복제 등 생명 과학 기술의 발달로 생명의 존엄성을 훼손하거나, 인간을 생명 과학 연구의 수단으로도 생각하게 된다.

ㄷ 인간 소외 현상 및 비인간화 현상 : 인간이 과학 기술에 지나치게 의존하거나 종속되어 인간 소외 현상이 발생하고, 기계의 소모품으로 전락되어 비인간화 현상이 초래될 수 있다.

ⓔ 환경 파괴 문제 : 인간이 자연 환경을 개발하는 과정에서 생태계가 파괴되어 자원 고갈, 기후 변화, 쓰레기와 대기 오염 등의 문제가 발생한다.

ⓜ 빈부 격차 심화 : 과학 기술에 대한 접근 수준과 접근 가능성의 차이에 따라 국가 간 또는 계층 간의 빈부 격차가 심화된다.

(2) 과학 기술을 바라보는 관점 중요⁺

① 과학 기술 지상주의(과학 기술 낙관주의)

입 장	• 과학 기술의 유용성을 강조하고 낙관적으로 바라본다. • 과학 기술이 인류의 발달을 이끌어 왔으며 모든 문제를 해결해 줄 것이다.
문제점	• 과학 기술의 부정적 측면을 간과하고 인간의 반성적 사고 능력을 훼손할 수 있다.

② 과학 기술 혐오주의(과학 기술 비관주의)

입 장	• 과학 기술의 비인간적·비윤리적 측면을 부각하고 부정적으로 바라본다. • 과학 기술의 발달로 인하여 많은 문제점이 발생하게 되었다.
문제점	• 과학 기술의 성과와 혜택을 부정하여 현실을 제대로 반영하지 못한다. • 과학 기술에 대한 근거 없는 두려움을 조장할 수 있다. → 러다이트 운동(1811~1817) : 영국의 직물 공업 지대에서 일어났던 기계 파괴 운동

③ 바람직한 태도 : 과학 기술의 긍정적 측면과 부정적 측면을 모두 고려하면서 내재된 부작용을 최소화하기 위한 비판적 성찰의 자세를 가져야 한다.

(3) 과학 기술의 가치 중립성 논쟁 중요⁺

① 가치 중립성의 의미 : 과학적 연구를 위해 증거를 바탕으로 하여 객관적인 사실만을 연구 대상으로 하고, 주관적인 가치에 대한 판단은 배제하는 상태

② 가치 중립성 강조와 부정

가치 중립성 강조	가치 중립성 부정

• 윤리적 평가의 대상이 아님
  → 과학 기술은 '참·거짓'이라는 사실 판단의 영역
• 사회적 책임에서 자유로움
  → 결과에 대하여 책임을 물을 수 없음
• 책임의 소재 → 실제 활용한 사람에게 있음
• 야스퍼스 : "기술은 그 자체로 선하지도 악하지도 않은 수단이다."
	• 윤리적 검토, 통제 필요
	  → 과학자의 주관적인 가치 판단이 개입됨
	• 가치 분리 불가능
	  → 주체가 인간이므로 인간의 가치를 포함하고 있음
	• 인간의 삶과 불가분의 관계
	  → 인간과 환경에 미치는 영향을 고려해야 함
	• 하이데거 : "과학 기술을 가치 중립적인 것으로 고찰할 때, 우리는 무방비 상태로 과학 기술에 내맡겨진다."

③ 바람직한 방향

 ㉠ 연구 과정 : 과학 기술이 객관적 타당성을 갖는 지식이나 원리로 인정을 받는 과정에서는 가치 중립적이어야 한다.

 ㉡ 발견과 활용 과정 : 과학 기술의 연구 목적을 설정하고, 연구 결과를 현실에 활용하는 과정에서는 윤리적 가치 평가에 의해 지도와 규제를 받아야 한다.

(4) 과학 기술과 윤리의 관계

① 과학 기술은 인간의 존엄성 구현과 삶의 질 향상이라는 본질적인 목적을 추구하므로 도덕적 비난으로부터 자유로울 수 없으며, 과학 기술에 대한 윤리적 가치 평가에 의해 규제되어야 한다.

② 윤리는 과학 기술이 추구해야 할 가치와 방향을 제시하며, 과학 기술이 윤리적 책임을 다할 수 있도록 도와야 한다.

2   과학 기술의 사회적 책임과 책임 윤리

(1) 과학 기술 발전에서 윤리적 책임이 커지는 이유

① 결과 예측 불확실성

 ㉠ 과학자의 의도나 과학 기술의 사용 목적과 관계없이 부정적인 결과를 가져올 수 있다.

 ㉡ 과학 기술의 결과에 대한 예측이 다르게 나타날 수도 있다.

② 적용의 강제성

 ㉠ 과학 기술의 적용에 대한 요구가 커지고, 과학 기술의 사용은 지속적 욕구가 될 수 있다.

 ㉡ 비윤리적인 과학 기술의 개발과 적용을 막기 어려워진다.

③ 시공간적 광역성 : 과학 기술은 지구 전체와 미래 세대에까지 영향을 미칠 수 있다.

(2) 과학 기술에 대한 책임

① 과학 기술자의 책임

 ㉠ 책임 의식 요구 : 과학 기술자의 성과물이 사회에 미치는 영향력이 커지면서 높은 수준의 도덕성과 책임 의식을 필요로 한다.

ⓒ 내적 책임과 외적 책임

내적 책임	• 연구 윤리 준수 : 위조, 변조, 표절 등의 연구 부정행위를 하지 말아야 함 • 연구 자체에 대한 책임과 엄격한 자기 검증 자세를 가져야 함
외적 책임	• 연구 결과가 사회에 미칠 영향에 대한 책임을 져야 함 • 연구 활동의 결과와 목적에 대해 성찰하는 자세를 가져야 함 • 인류에게 해악을 끼칠 위험성이 있다고 판단되면 연구를 중단해야 함

② 사회적 책임에 대한 입장   중요⁺

책임 인정	• 과학 기술의 가치 중립성을 부정 • 과학 기술자는 자신의 연구 결과가 미칠 사회적 영향을 인식하여 연구 및 개발과 그 활동에 대해 사회적 책임을 다해야 함 • 하이젠베르크 : "히틀러의 손에 원자 폭탄이 들어가 인류에게 씻을 수 없는 죄를 지을 수는 없다. 우리의 연구는 평화로운 원자 에너지 활용 방안에 한정되어야 한다."
책임 부정	• 과학 기술의 가치 중립성을 인정 • 연구 결과가 부정적이더라도 그것은 연구 결과를 실제로 이용한 사람들의 책임일 뿐임 • 오펜하이머 : "내가 원자폭탄을 만든 것은 사실이지만, 원자폭탄의 사용에 대한 결정은 정치인이 내린 것이며, 나는 주어진 역할에 충실했을 뿐이다."

(3) 과학 기술의 사회적 책임을 위한 노력

① 책임 윤리 의식 함양   중요⁺

ⓐ 요나스(Jonas, H.)의 책임 윤리

윤리적 책임 범위 확대	현 세대뿐만 아니라 미래 세대와 자연을 위한 책임까지 강조
예견된 책임 강조	의도한 행위의 결과뿐만 아니라 예견 가능한 모든 결과와 의도하지 않은 행위의 결과까지 책임의 범위를 확장할 것을 요구

ⓑ 동양의 순천절물(順天節物)의 정신 : 인간의 이기심과 물질적 욕망을 줄이고, 자연의 섭리에 따라 소박하게 살아갈 것을 강조하였다.

② 예방적 조치 필요 : 과학 기술의 개발 단계에서부터 그 결과물이 사회에 미칠 수 있는 부정적 영향과 미래에 초래할 수 있는 위험 등을 검토하여 예방적 조치를 해야 한다.

③ 제도적 장치 마련

ⓐ 기술 영향 평가 제도, 환경 영향 평가 제도 등을 실시하고, 평가·감시·통제할 수 있는 기관 또는 각종 윤리 위원회 활동을 강화한다.

ⓑ 시민의 감시와 참여를 이끌어 내는 장치를 제도화한다.

④ 새로운 과학 기술의 개발 : 인류의 당면 과제인 기아나 환경 문제 등의 해결을 위한 대체 에너지 기술, 식량 증산 기술, 적정 기술 등이 개발되어야 한다.

> **적정 기술** ▾ 검색
>
> 지역의 자원과 노동력을 사용하여 지역 주민들의 필요에 따라 친환경적이고, 지속 가능한 방법으로 개발되고 쓰이는 기술을 말한다.

심화학습 기술 영향 평가 제도와 환경 영향 평가 제도

1) 기술 영향 평가 제도 실시 : 새로운 과학 기술의 발전이 사회·경제 등에 미치는 영향을 사전에 평가하고, 그 결과를 정책에 반영하여 기술의 바람직한 발전 방향을 모색하고자 시행하는 제도이다.

2) 환경 영향 평가 제도 실시 : 환경에 영향을 미치는 건설이나 개발 등의 사업 계획을 수립하려고 할 때, 사업이 환경에 미치게 될 영향을 미리 조사·예측·평가하여 환경 보전 방안을 강구하는 제도이다.

02 정보 사회와 윤리

1 정보 기술의 발달과 정보 윤리

(1) 정보 통신 기술의 발달에 따른 긍정적 변화

① 생활의 편리성 향상 : 인터넷과 스마트폰 등을 이용한 일상적인 활동과 업무 처리로 효율성과 삶의 편리성이 향상되었고, 다양한 사람들과 폭넓은 관계를 쉽게 맺을 수 있게 되었다.

　예 사회 관계망 서비스(SNS)를 통한 사회적 관계 확대, 사이버 동호회 활성화

② 전문적 지식 습득 : 각종 정보 통신 매체를 이용하여 전문적인 의학, 법률 등의 정보를 쉽게 습득할 수 있게 되었다.

알아두면 점수따는 이야기　　　　　　　　　　　　　　　요나스의 책임 윤리

　나는 나의 행동과 그 결과에 대해 책임 있다고 느끼는 것이 아니라 나의 행위로 인해 앞으로 발생할 사태에 대해 책임이 있다고 느낀다. 책임의 대상은 나의 밖에 놓여 있기는 하지만 나의 권력에 의존하고, 또 나의 권력에 의해 위협을 받음으로써 나의 권력의 작용 영역 안에 있다. … 오늘날 필요한 책임의 윤리에 관해 말하면, 우리는 이러한 종류의 책임감을 말하는 것이지, 자신의 행위에 대한 모든 행위자의 형식적이고 공허한 책임을 말하는 것이 아니다.

　　　　　　　　　　　　　　　　　　　　　　　　　　　　　　　　　　－ 요나스, 『책임의 원칙』

③ 사회 참여 기회 확대 : 사이버 공간의 등장으로 자신의 의견을 자유롭게 표현할 수 있게 되어 청원이나 서명 운동 등 정치적 의사 결정 과정에 직접 참여할 수 있게 되었다.

　　예 전자 투표, 온라인 서명, 청원 운동

④ 다양성의 사회 분위기 형성 : 인터넷과 사회 관계망(SNS) 등의 이용으로 다양한 문화에 대한 이해의 폭이 넓어지고, 수평적·다원적 사회로 변화하였다.

(2) 정보 기술 발달에 따른 윤리적 문제

① 개인 정보 유출 및 사생활 침해

　ⓖ 사이버상에 자신의 의사와 무관하게 개인 정보가 다른 사람에게 노출되거나 악용되는 것을 말한다.　**예** 신상털기 등

　ⓛ 정보의 유통 과정 전체에서 개인이 결정하고 통제하는 권한을 가져야 한다는 '정보 자기 결정권'의 중시와 '잊힐 권리' 등이 대두하였다.

② 사이버 폭력

　ⓖ 사이버 공간에서 상대방이 원하지 않는 언어, 이미지, 영상 등을 이용하여 정신적·심리적 피해를 주는 행위이다.

　　예 사이버 따돌림(불링), 사이버 모욕, 사이버 명예 훼손, 사이버 성폭력, 사이버 스토킹 등

　ⓛ 문제점 : 익명성을 이용한 은밀하고 가혹한 폭력이 이루어지며, 정보의 수정과 회수가 어려워 지속적으로 고통받기도 한다. 가해자가 폭력의 심각성을 인식하지 못할 수 있으며, 나아가 현실 세계의 폭력으로 이어질 수도 있다.

③ 저작권 침해

　ⓖ 저작권법에 의해 배타적으로 보호되는 저작물을 무단으로 이용하여 자작권자의 권리를 침해하는 행위이다.　**예** 소프트웨어 무단 복제, 표절, 불법 다운로드 등

　ⓛ 문제점 : 저작권자의 창작 의욕을 감소시키고, 좋은 정보의 생산을 저해할 수 있다.

바로 바로 CHECK√

사이버 공간의 발달로 인한 윤리적 문제점에 해당하지 <u>않는</u> 것은?

① 사생활 침해
② 개인 정보 유출
③ 저작권 침해
❹ 일의 효용성 극대화

잊힐 권리　　　　▼　| 검색 |

온라인상에서 자신과 관련된 모든 정보의 삭제 및 확산 방지를 요구할 수 있는 정보 주체의 자기 결정권 및 통제 권리를 말한다.

ⓒ 저작권에 대한 두 입장 **중요⁺**

저작권 보호 (copyright)	• 개인의 재산으로 인정하고 보호해야 한다. → 사유론 • 경제적 이익을 보장함으로써 의욕과 수준이 높아지고, 더 많은 지적 산물의 창조에 기여할 수 있다. • 비판 : 배타적 독점권 부여 → 정보의 자유로운 교류 방해
정보 공유 (copyleft)	• 개인의 자산인 동시에 인류의 공동 자산이다. → 공공재 • 개인이나 기업의 소유로 되면 정보의 지속적 발전이 어려워질 수 있다. • 비판 : 창작자의 의욕 저하, 창작물의 질적 수준 저하

④ 정보 격차

  ㉠ 지역 간, 계층 간의 정보 소유 및 접근 정도의 차이가 커지는 현상을 말한다.

  ㉡ 정보 격차 및 정보 소외 현상이 소득 수준의 격차로 이어져 사회·경제적 양극화가 심화될 수 있다.

(3) 정보 사회의 정보 윤리

① 정보 윤리의 필요성

  ㉠ 사이버 공간도 오늘날 인간의 공동생활 공간이므로 현실 세계와 마찬가지로 자신의 행동에 대한 책임이 뒤따른다.

  ㉡ 사이버 공간의 특성상 현실 공간에서 보다 더 심각한 피해가 발생하므로 더 엄격한 윤리 기준이 필요하다.

  ㉢ 정보 윤리의 준수는 사이버 공간에서의 심각한 윤리적 문제를 예방할 수 있는 바탕이 된다.

> **잠깐**
> **지식 정보 사회의 특징**
> • 정보의 양 기하급수적 팽창
> • 정보의 확산 속도 증가
> • 정보가 일상생활에서의 재화
> • 정보의 수집·처리·전달이 경제 활동의 중심
> • 시·공간 제약 없이 소통 가능

> **잠깐**
> **피싱과 파밍**
> • 피싱(phishing) : 개인 정보를 불법적으로 알아내 이를 악용하는 사기 수법
> • 파밍(phaming) : 이용자가 공식 홈페이지 주소로 접속해도 피싱 사이트로 유도되도록 하여 개인 정보를 불법적으로 빼가는 수법

② 정보 윤리의 원칙 **중요⁺**

인간 존중의 원칙	사이버 공간에서는 타인의 인격과 사생활, 다른 사람의 저작물을 존중해야 한다.
책임의 원칙	사이버 공간에서 정보를 자유롭게 제작·유통할 때 자신의 행동이 가져올 결과를 신중히 생각하고 책임 있게 행동해야 한다.
정의의 원칙	사이버 공간에서 타인의 기본적 자유와 권리를 침해하지 않고, 정보의 진실성과 공정성을 추구해야 한다.
해악 금지의 원칙	사이버 공간에서 다른 사람과 사회에 해악(사이버 폭력, 피싱, 파밍, 해킹, 바이러스 유포 등)을 끼치지 않아야 한다.

사이버 공간의 특성

1) **익명성** : 자신이 누구인지 감출 수 있고, 상대방이 누구인지 알지 못한다.

2) **개방성** : 일정한 자격과 권한을 가진 사람은 누구나 정보를 찾아볼 수 있다.

3) **평등성** : 나이나 지위에 따른 차별 없이 수평적 의사소통이 가능하다.

4) **쌍방향성** : 일방적 정보 생산·소비보다는 양쪽이 같이 정보를 생산·공유할 수 있다.

5) **광역성** : 국경이나 인종, 언어를 초월하여 넓은 지역까지 영향을 미친다.

6) **비동시성** : 시간에 구애받지 않고 일을 처리할 수 있다.

2 정보 사회에서의 매체 윤리

> 참깐
> **스피넬로의 사이버 윤리**
> • 자율성의 원칙   • 선행의 원칙
> • 정의의 원칙   • 해악 금지의 원칙

(1) 대중 매체의 의미와 기능

① 대중 매체의 의미 : 텔레비전, 신문, 라디오, 인터넷 등을 통해 불특정 다수를 대상으로 정보를 제공하는 매체를 말한다.

② 대중 매체의 순기능과 역기능

순기능	역기능
• 다양한 정보 제공 • 정보의 의미 해석 및 평가 • 전통·가치·규범 등을 다음 세대에 전달 • 사회 구성원에게 휴식과 오락 제공	• 위험 정보의 심리적 긴장과 공포 유발 • 불공정한 정보의 제공 • 사회의 다양성과 창의성 저해 • 사회적·정치적 문제의 무관심 초래

(2) 뉴 미디어의 의미와 특징

① 뉴 미디어의 의미 : 기존의 매체들이 제공하던 정보를 인터넷을 통해 가공, 전달, 소비하는 포괄적 융합 매체들을 말한다.
  → 인터넷 신문, 인터넷 방송, 디지털 위성 방송, SNS, 블로그 등

바로 바로 CHECK√
다음 중 뉴 미디어의 특징에 해당하지 <u>않는</u> 것은?
① 상호 작용화   ❷ 동시화
③ 탈대중화   ④ 디지털화

② 뉴 미디어의 특징 중요⁺

상호 작용화	송수신자 간 쌍방향 정보 교환이 이루어지며, 정보 생산자와 소비자가 비교적 수평적 관계로 상호 작용함
비동시화	정보 교환에서 송수신자가 동시에 참여하지 않아도 수신자가 원하는 시간에 정보를 확인할 수 있음
탈대중화	대규모 집단에 획일적 메시지를 전달하는 방식에서 벗어나 특정 상대와 특정 정보의 상호 교환이 가능함
디지털화	정보의 디지털화로 정보에 대한 수집·전달이 신속히 처리·수정될 수 있어 이용자가 능동적으로 활동할 수 있음
종합화	이전에 개별적으로 존재했던 매체들이 하나의 정보망으로 통합되어 멀티미디어화가 됨

③ 뉴 미디어의 문제점

　㉠ 정보에 대한 검증 과정의 문제로 인하여 객관성과 신뢰성이 부족할 수 있다.

　㉡ 허위 정보나 음란 및 각종 유해 정보의 매체 역할을 하기도 한다.

　㉢ 불법적 이윤 추구를 위해 폭력적이고 자극적인 정보를 전달할 수 있다.

(3) 뉴 미디어의 매체 윤리

① 정보 생산과 유통 과정에서 필요한 윤리 중요⁺

　㉠ 진실한 태도 : 사실 그대로를 전달하는 진실한 태도와 내용의 객관성·공정성을 가져야 한다.

　㉡ 개인의 인격권 보호 : 국민의 알 권리를 충족하는 과정에서 특정 개인의 명예, 인격권을 침해하지 않도록 유의해야 한다.

인격권의 종류 ▾	검색
• 성명권 : 자신의 성명을 사용하는 것에 관한 권리 • 초상권 : 자신의 초상에 관한 독점적인 권리 • 저작 인격권 : 자신의 저작물에 대해 갖는 권리 • 사생활권 : 자신의 사생활이 공개되거나 침해당하지 않을 권리

　㉢ 표절 금지 : 원작자의 권리를 침해하지 않아야 한다.

　㉣ 표현의 한계 인식 : 타인의 권리와 사회 질서를 침해하지 않는 범위에서 허용되어야 한다.

② 정보의 소비 과정에서 필요한 윤리

　㉠ 미디어 리터러시(매체 이해력) 습득 : 매체를 비판적으로 이해하고 활용하는 능력과 정보의 가치를 평가할 수 있는 비판적 사고 능력, 바람직하게 표현하는 능력, 새로운 정보로 조합하는 능력 등을 포괄하고 있다. 중요⁺

　　→ 데이터 스모그(정보 공해)에 적절히 대응할 수 있어야 함

　㉡ 소통의 자세와 시민 의식 : 사용자 상호 간의 대화·교류, 협력하는 자세와 성숙한 시민 의식이 필요하다.

   ⓒ 정보의 비판적·능동적 수용 : 매체가 제공하는 정보의 진실성을 판단하여 수용하고, 매체가 제공하는 정보가 공정하고 객관적인지에 대해 감시한다.

심화학습 ── 국민의 알 권리와 인격권의 관계

1) 개인의 사생활은 국민의 알 권리를 보장하기 위해 일부 제한될 수 있다.
2) 매체는 정보를 전달할 때 국민의 알 권리를 보장하려고 노력해야 하고, 그 정보가 개인의 인격권의 침해와 공익을 해치는지 등을 검토해야 한다.
3) 국민의 알 권리와 개인의 인격권을 침해하지 않도록 개인 정보는 신중하게 다루어져야 한다.

---

03 자연과 윤리

1 자연을 바라보는 동양의 자연관   중요⁺

(1) 유교의 자연관

① 천인합일(天人合一) 지향 : 만물이 본래의 가치를 지니고 있고, 인간과 자연을 하나로 본다.
② 상호 유기적 관계 : 인간과 자연은 조화를 이루는 삶을 지향하나, 도덕적 고려에서 분별적 차이를 두었다.

(2) 불교의 자연관

① 연기적 세계관 : 연기설에 근거하여 만물의 상호 의존성을 강조하여 모든 생명에 자비를 베풀어야 한다.
② 자타불이(自他不二) : 나와 네가 둘이 아님 → 만물에 대한 자비심을 가짐

(3) 도가의 자연관

① 노자 : 자연의 순리에 따르는 무위자연(無爲自然)을 강조하였다.
② 장자 : 모든 존재의 평등함과 물아일체(物我一體)를 강조하였다.

(4) 현대적 의의

인간과 자연이 상호 의존적 관계 → 환경 문제 해결에 기여함

2 자연을 바라보는 서양의 자연관 중요⁺

(1) 인간 중심주의

① 기본 입장

ⓐ 인간을 모든 물질을 비롯한 다른 생물과 구분되는 유일한 존재로 본다.

ⓑ 오직 인간만이 자율적 존재이며 도덕적 행위를 결정할 수 있는 윤리적 동물이라고 본다.

② 특징

ⓐ 도구적 자연관 : 자연은 인간을 위한 도구에 불과하다는 관점

ⓑ 이분법적 세계관 : 인간과 자연을 분리하고, 인간이 자연보다 우월한 존재로서 자연을 지배할 수 있다는 관점

아리스토텔레스	"식물은 동물을 위해서, 동물은 인간을 위해서 존재한다."
토마스 아퀴나스	"신의 섭리에 따라 동물은 자연의 한 과정에서 인간이 사용하도록 운명 지어졌다."

ⓒ 기계론적 자연관 : 자연을 인과법칙에 따라 움직이는 기계, 생명이 없는 물질적 대상으로 간주하는 관점

③ 대표적인 사상가

베이컨	• 인간에게는 자연을 이용할 수 있는 권한과 능력이 있으며, 인간은 과학적 지식을 통해 자연을 정복하여 인류의 물질적 혜택을 얻고 복지를 향상시킬 수 있다. → "아는 것이 힘이다.", "방황하는 자연을 사냥하여 노예로 만들어 인간의 이익에 봉사하도록 해야 한다." • 뉴 아틀란티스 : 베이컨이 제시한 과학자들에 의해 지배되는 이상 사회로, 과학의 기술을 발전시켜 사회를 풍요롭게 하고 행복이 실현되는 사회이다.
데카르트	• 인간은 인식의 주체로서 인간의 정신은 물질적인 것으로 환원되지 않는 존엄한 것이며, 자연은 정신이 결여된 인식의 대상일 뿐이고 단지 하나님이 창조한 기계에 불과하다. → "나는 생각한다. 고로 나는 존재한다.", "인간이 자연의 주인이자 소유자가 된다."
칸트	• 이성적 존재만이 자율적으로 행동하는 도덕적 주체가 될 수 있다. → "이성이 결여된 동물은 도덕의 주체가 될 수 없고, 다만 우리의 간접적인 도덕적 의무의 대상일 뿐이다."

바로 바로 CHECK√

다음 내용을 주장한 사상가는?

> "과학자의 목적은 자연의 비밀을 파헤치는 데 있다."고 하면서 "자연을 이용해 노예로 만들어 인간에게 봉사하도록 해야 한다."고 주장하였다.

① 흄   ② 밀
③ 루소   ❹ 베이컨

④ 의의 : 인류가 자연을 적극적으로 이용하여 물질적 풍요를 누릴 수 있게 되었다.

⑤ 한계 : 자연의 무분별한 개발과 훼손으로 인하여 오늘날 생태적 위기와 환경 문제의 근본 원인이 되었다. → '온건한 인간 중심주의' : 패스모어는 "인류의 장기적인 이익을 위해 자연 친화적 인 삶을 추구해야 한다."고 주장함

(2) 동물 중심주의

① 기본 입장

㉠ 인간을 포함해 고통을 느낄 수 있는 모든 존재를 도덕적 고려의 대상으로 삼는다.

㉡ 인간과 동물을 다르게 대우하는 종(種) 차별을 반대하고, 동물의 복지와 권리 향상을 강조한다.

② 대표적인 사상가

싱어 (동물 해방론)	• 종(種) 차별주의 반대 : 동물도 인간과 동일하게 쾌락과 고통을 느끼는 능력을 지니고 있으며, 동물을 인간과 다르게 대우하는 것은 종(種) 차별주의이다. • 동물 복지 강조 : 고통은 그 자체로 나쁜 것이며, 고통을 감소시키는 데 있어 인간과 동물을 차별해서는 안 된다(이익 평등 고려의 원칙). → 공리주의에 근거
레건 (동물 권리론)	• 동물의 지위 강조 : 동물도 도덕적 지위를 지니며, 동물을 인간을 위한 도구로 취급하는 것은 옳지 않다. • 동물의 권리 강조 : 동물도 삶의 주체로서 자신만의 삶을 영위할 권리가 있으며, 인간을 위한 수단이 되어서는 안 된다. → 의무론에 근거

③ 의의 : 동물의 복지와 권익을 증진하는 데 기여하였다.

④ 한계

㉠ 인간과 동물 간의 이익 충돌이 발생하는 경우 판단 및 해결이 어렵다.

㉡ 동물 이외의 식물이나 생태계 전체를 고려하지 않았다.

㉢ 인간이 현실적으로 불가피하게 동물을 이용해야 하는 경우가 있다.

예 인간 복지를 위한 동물 실험

(3) 생명 중심주의

① 기본 입장

㉠ 도덕적 지위를 갖는 기준을 '생명'으로 보며, 모든 생명체에 대한 도덕적 고려를 강조한다.

ⓒ 모든 생명체는 그 자체로서 가치를 지니므로 도덕적 고려의 범위를 모든 생명체로 확대해야 한다.

② 대표적인 사상가

슈바이처 (생명 외경 사상)	• 생명 외경 사상 : 모든 생명은 살고자 하는 의지를 지니고 있으며, 그 자체로 신성하다. • 생명을 유지하고 고양하는 것은 선(善)이고, 생명을 파괴하고 억압하는 것은 악(惡)이다. • 자신의 생명 유지를 위하여 불가피하게 다른 생명을 해쳐야 하는 경우 무한한 책임을 지녀야 한다.
테일러 (생명 중심주의)	• 모든 생명체는 성장, 발전, 생존, 번식을 위해 움직이는 '목적론적 삶'을 살아간다. • 모든 생명체는 자신만의 고유한 가치를 지니므로 도덕적으로 존중해야 한다. • 생명체에 대한 인간의 의무 <table><tr><td>악행 금지의 의무</td><td>어떠한 생명체도 해쳐서는 안 됨</td></tr><tr><td>불간섭의 의무</td><td>생명체의 자유를 해치거나 생태계에 대해 간섭해서는 안 됨</td></tr><tr><td>성실(신의)의 의무</td><td>동물을 속이거나 인간과 동물 사이의 신의를 깨서는 안 됨</td></tr><tr><td>보상적 정의의 의무</td><td>다른 생명체에 해를 입혔을 때 그 피해를 보상해야 함</td></tr></table>

③ 의의 : 도덕적 고려의 범위를 생명체까지 확대하여 모든 생명의 소중함을 강조하였다.

④ 한계

ⓐ 생태계 전체를 고려하지 않아 오늘날의 환경 문제 극복에 한계가 있다.

ⓑ 개별 생명체의 존중에 초점을 두는 개체론의 입장에서 벗어나지 못하였다.

(4) 생태 중심주의

① 기본 입장

ⓐ 전체론(전일주의) : 도덕적 고려의 범위를 개별 생명체가 아닌 무생물을 포함한 생태계 전체로 보아야 한다.

ⓑ 인간은 자연으로부터 독립된 존재가 아니라 자연의 일부이며, 다른 생명체와 상호 보완적 관계에 있다.

> **잠깐**
>
> **생태 중심주의의 네스**
> • 큰 자아실현 : 자기를 자연과의 상호 관련성을 통해 이해하는 과정
> • 생명 중심적 평등 : 모든 생명체는 상호 연결된 공동체의 구성원으로 동등한 가치를 지님

② 대표적인 사상가

레오폴드 (대지 윤리)	• 대지 윤리 : 도덕 공동체의 범위를 흙, 물, 불, 동·식물 등을 포함하여 대지로 확대하였다. • 인간은 대지의 지배자가 아니라 대지의 구성원이며, 자연 전체가 도덕적 고려의 대상이 되어야 한다.
네스 (심층 생태주의)	• 심층 생태주의 : 인간 중심적 세계관이나 생활양식 자체를 생태 중심적으로 바꾸어야 한다. • '큰 자아실현'과 생명 중심적 평등을 제시하였다. • 공생의 원칙 : 모든 유기체가 생명의 연결망에서 존재한다.

③ 의의 : 환경 문제를 해결하기 위해 생태계 전체에 대한 포괄적 시각이 필요함을 알려주었다.

④ 한계

　㉠ 생태계 전체의 이익을 위한다는 명분으로 개별 생명체를 희생시키는 환경 파시즘이라는 비판을 받았다.

　㉡ 인간의 개입을 허용하지 않기 때문에 환경 보존을 위한 구체적인 방안을 제시하기 어렵다.

> **환경 파시즘** ▾ 검색
>
> 환경이나 생태계, 생명 공동체의 보호라는 명분으로 전체주의를 합리화하는 사상으로서, 환경 보호를 위하여 인간의 희생까지도 강요할 수 있다고 보는 것이다.

3 환경 문제에 대한 윤리적 쟁점

(1) 현대의 환경 문제와 특징

① 현대 환경 문제의 원인

　㉠ 산업화와 도시화 : 산업화와 도시화의 과정에서 화석 연료를 무분별하게 사용함으로써 자원이 고갈되고 환경 파괴 문제가 발생하였다.

　㉡ 폭발적인 인구 증가 : 인구가 급격히 늘어나면서 자원을 많이 소비하고, 각종 오염 물질이 배출되었다.

② 현대 환경 문제의 특징

　㉠ 지구의 자정 능력 초과 : 지구 생태계가 다시 회복되기 어려울 정도로 환경이 파괴되었다.

알아두면 점수따는 이야기 　　　　　　　　　　　　　　　생명 중심주의의 슈바이처

선(善)이란 생명을 유지하는 것, 생명을 촉진하는 것, 그리고 발전 가능한 생명을 그 최고의 가치에까지 끌어올리는 것이다. 반면 악(惡)은 생명을 파괴하는 것, 생명을 저해하는 것, 그리고 발전 가능한 생명을 억누르는 것이다. 이것이야말로 도덕의 절대적 기본적인 원리이다. 　　　　　　　　　　　　　　　　　　　　　－ 슈바이처, 『나의 생애와 사상』

ⓛ 전 지구적 문제 : 환경 문제는 국경을 초월하여 연쇄적으로 영향을 미치고 있다.

ⓒ 책임 소재 불분명 : 시간적, 공간적 문제로 가해자와 피해자를 구분하기 어렵다.

ⓔ 미래 세대에 영향 : 현 세대에만 국한되지 않고, 미래 세대에까지 영향을 미친다.

(2) 기후 변화와 기후 정의 문제

① 기후 변화의 원인과 의미

㉠ 원인 : 산업화·도시화에 따른 화석 연료나 에너지의 과도한 소모로 인하여 대기 중의 온실가스 농도가 계속해서 증가하고 있다.

㉡ 의미 : 일정 기간에 걸쳐 평균적으로 나타나던 기후가 평균 상태에서 벗어나 변화하는 것을 말한다.

㉢ 기후 변화에 따른 문제점 : 지구 생태계 파괴, 인간 삶에 위협, 저개발 국가의 피해 심화 등이 나타나고 있다.

② 기후 정의 문제

㉠ 기후 정의의 의미 : 기후 변화에 따른 불평등을 해소함으로써 실현되는 정의를 말하며, 기후 변화 문제를 형평성의 관점에서 바라본다.

→ 온실가스 배출량은 선진국이 많은데, 피해는 개발 도상국에서 더 크게 발생하는 경우

㉡ 기후 정의를 실현하기 위한 노력

ⓐ 선진국의 자세 : 기후 변화로 피해를 본 국가들에 적극적인 보상과 지원이 필요하다.

ⓑ 국제 협력 : 온실가스 배출량을 줄이기 위한 노력

구 분	교토 의정서(1997)	파리 기후 협약(2015)
대상 국가	선진국 37개국	195개 당사국
적용 시기	2020년까지 기후 변화 대응 방식 규정	2020년 이후 신(新) 기후 체제
특 징	• 온실가스 배출량을 1990년 수준보다 평균 5.2% 감축 • 선진국에만 온실가스 감축 의무 부여 • 탄소 배출권 거래 제도 도입	• 탄소 배출 감축 의무를 개발 도상국까지 확대 적용 • 2020년부터 개발 도상국에 기금을 집중 지원

(3) 미래 세대에 대한 책임

① 책임의 필요성

ㄱ 자연 환경은 인류의 공동 자산이며 현 세대뿐만 아니라 미래 세대가 함께 누려야 할 삶의 터전이다.

ㄴ 현재의 환경 문제는 미래 세대의 생존과 삶의 질에 직접적인 영향을 미칠 수 있다.

② 요나스의 책임 윤리 **중요⁺**

ㄱ 인류의 존속과 미래 세대의 삶의 질 보장을 위해 책임 윤리를 강조하였다.

ㄴ "너의 행위의 결과가 미래에 지구상에서 인간이 살아갈 수 있는 가능성을 파괴하지 않도록 행위하라."

> **바로바로 CHECK√**
>
> 다음 중 환경적으로 건전하고 지속 가능한 발전을 위한 노력에 해당하지 <u>않는</u> 것은?
> ① 신·재생 에너지 사용
> ❷ 합리적 소비
> ③ 재활용하기
> ④ 람사르 협약

(4) 생태 지속 가능성 문제

① 성장과 보존의 딜레마

구 분	개발론	보존론
특 징	• 인간의 복지와 풍요를 위해서는 경제 성장이 필요함 • 자연을 도구적 가치로 파악	• 자연 환경의 보존을 중시 • 자연을 본래적 가치로 파악
문제점	경제 성장이 환경 파괴로 이어질 수 있음	경제 성장을 제약함

② 지속 가능한 발전을 위한 노력

ㄱ 의미 : 환경 보존과 현 세대의 필요를 동시에 만족시킬 수 있도록 경제 성장과 환경 보존이 균형과 조화를 이루는 발전을 말한다.

ㄴ 의의 : 인간과 자연이 더불어 사는 삶을 실현하고, 배려와 생명 존중을 실천하는 방법이다.

ㄷ 실천 방법

개인적 차원	에너지 절약, 재활용하기 등 환경 친화적인 소비 생활 실천
국가적 차원	• 환경을 고려한 건전한 환경 기술 개발 및 신·재생 에너지 개발 • 환경 보전 자체를 성장의 동력으로 삼는 녹색 성장 추구
국제적 차원	환경 문제에 대한 국제 협력(협약) 체제 구축 → 람사르 협약(1971), 생물 다양성 협약(1992), 사막화 방지 협약(1994), 몬트리올 의정서(1989), 녹색기후기금(2013) 등

01 | 과학 기술과 윤리

1 과학 기술의 가치 중립성 논쟁

1) 과학 기술의 성과와 문제점

성 과	물질적 풍요와 편리한 삶, 건강 증진과 생명 연장, 시·공간적 제약 극복
문제점	인권 및 사생활 침해, 생명의 존엄성 훼손, 환경 파괴 문제, 빈부 격차 심화

2) 과학 기술의 가치 중립성 논쟁

의 미	객관적인 사실만 연구 대상, 주관적인 가치에 대한 판단은 배제하는 상태
강 조	• 윤리적 평가의 대상이 아님, 사회적 책임에서 자유로움, 책임의 소재 • 야스퍼스 : "기술은 그 자체로 선하지도 악하지도 않은 수단이다."
부 정	• 윤리적 검토, 통제 필요, 가치 분리 불가능, 인간의 삶과 불가분의 관계 • 하이데거 : "과학 기술을 가치 중립적인 것으로 고찰할 때, 우리는 무방비 상태로 과학 기술에 내맡겨진다."

2 과학 기술의 사회적 책임과 책임 윤리

1) 과학 기술의 사회적 책임에 대한 입장

인 정	연구 및 개발과 그 활동에 대해 사회적 책임을 다해야 함 → 하이젠베르크
부 정	연구 결과를 실제로 이용한 사람들의 책임일 뿐임 → 오펜하이머

2) 과학 기술의 사회적 책임을 위한 노력

책임 윤리	요나스(Jonas, H.), 동양의 순천절물(順天節物) 정신
제도적 장치	기술영향평가제도, 환경영향평가제도 등 실시, 윤리위원회 활동 강화

02 | 정보 사회와 윤리

1 정보 기술의 발달과 정보 윤리

1) 정보 기술 발달에 따른 윤리적 문제

개인 정보 유출 및 사생활 침해	신상 털기 등, '정보 자기 결정권' 중시와 '잊힐 권리' 등 대두
사이버 폭력	사이버 따돌림(불링), 사이버 모욕, 사이버 성폭력 등
저작권 침해	소프트웨어 무단 복제, 표절, 불법 다운로드 등 저작권 보호(copyright) ↔ 정보 공유(copyleft)
정보 격차	정보 소유 및 접근 정도의 차이가 커지는 현상, 사회·경제적 양극화

2) 정보 사회의 정보 윤리

원 칙	인간 존중의 원칙, 책임의 원칙, 정의의 원칙, 해악 금지의 원칙

2 정보 사회에서의 매체 윤리

1) 뉴 미디어의 의미와 특징

의 미	텔레비전, 신문, 라디오, 인터넷 등 불특정 다수를 대상으로 정보를 제공
특 징	상호 작용화, 비동시화, 탈대중화, 능동화, 디지털화, 종합화 등

2) 뉴 미디어의 매체 윤리

생산과 유통 과정	진실한 태도, 개인의 인격권 보호, 표절 금지, 표현의 한계 인식
정보의 소비 과정	미디어 리터러시 습득, 소통의 자세와 시민 의식, 비판적·능동적 수용

03 | 자연과 윤리

1 자연을 바라보는 동양의 자연관

유 교	천인합일(天人合一) 지향, 조화를 이루는 삶을 지향하나 분별적 차이 인정
불 교	연기적 세계관(자비 실천), 자타불이(自他不二)
도 가	노자(무위자연 강조), 장자(물아일체 강조) → 환경 문제 해결에 기여

2 자연을 바라보는 서양의 자연관

1) 인간 중심주의

입 장	도구적 자연관, 이분법적 세계관, 기계론적 자연관
사상가	베이컨(정복 지향적 자연관), 데카르트(인간이 자연의 주인), 칸트(이성적 존재만이 도덕적 존재)

2) 동물 중심주의

입 장	인간을 포함해 고통을 느낄 수 있는 모든 존재가 도덕적 고려의 대상
사상가	싱어(동물 해방론), 레건(동물 권리론)

3) 생명 중심주의

입 장	도덕적 지위의 기준은 '생명', 모든 생명체에 대한 도덕적 고려 강조
사상가	슈바이처(생명 외경 사상), 테일러(생명 중심주의)

4) 생태 중심주의

입 장	도덕적 고려의 범위를 무생물을 포함한 생태계 전체로 보아야 함
사상가	레오폴드(대지 윤리), 네스(심층 생태주의)

3 환경 문제에 대한 윤리적 쟁점

기후 정의 실현	교토 의정서(1997), 파리 기후 협약(2015)
성장과 보존의 딜레마	개발론(문제점–환경 파괴) ↔ 보존론(문제점–경제 성장 제약)

1 과학 기술의 가치 중립성 논쟁

강 조	윤리적 평가의 대상이 아님 → ①
부 정	윤리적 검토, 통제 필요 → 하이데거

① 야스퍼스 : "기술은 그 자체로 선하지도 악하지도 않은 수단이다."

2 정보 기술 발달에 따른 윤리적 문제

개인 정보 유출 및 사생활 침해	• 신상 털기, '정보 자기 결정권' 중시 • ' ② ' 등 대두
사이버 폭력	사이버 따돌림(불링), 사이버 모욕, 사이버 성폭력 등
저작권 침해	• 소프트웨어 무단 복제, 표절, 불법 다운로드 등 • 저작권 보호(copyright) ↔ 정보 공유(copyleft)
③	정보 소유 및 접근 정도의 차이가 커지는 현상 → 사회・경제적 양극화

② 잊힐 권리
③ 정보 격차

3 뉴 미디어의 매체 윤리

생산과 유통 과정	진실한 태도, 개인의 인격권 보호, 표절 금지, 표현의 한계 인식
정보의 소비 과정	④ 습득, 소통의 자세와 시민 의식, 비판적・능동적 수용

④ 미디어 리터러시

4 자연을 바라보는 동・서양의 자연관

동 양	• 유교 : 천인합일(天人合一) 지향 • 불교 : 연기적 세계관 • 노자 : ⑤ , 장자 : 물아일체 → 환경 문제 해결
서 양	• 인간 중심주의 : 도구적 자연관 → 베이컨, 칸트 • 동물 중심주의 : 싱어(⑥), 레건(동물 권리론) • 생명 중심주의 : ⑦ (생명 외경 강조), 테일러 • 생태 중심주의 : 레오폴드(대지 윤리), 네스(심층 생태주의)

⑤ 무위자연
⑥ 동물 해방론
⑦ 슈바이처

5 기후 정의 실현

교토 의정서(1997), ⑧ 협약(2015)

⑧ 파리 기후

1. 관련 있는 내용을 보기에서 골라 (   ) 안에 쓰시오.

> ㉠ 과학 기술의 가치 중립성   ㉡ 미디어 리터러시
> ㉢ 인간 중심주의   ㉣ 생명 중심주의

1) 매체 이해력으로서 다양한 매체를 이해할 수 있는 능력을 말하는 것이다. (   )
2) 모든 생명체는 그 자체로서 가치를 지니므로 도덕적 범위를 모든 생명체로 확대해야 한다. (   )
3) 과학 기술을 연구·검증할 때 특정 가치나 신념이 개입하지 않아야 함을 말한다. (   )
4) 인간만이 도덕적 지위를 지니며 인간 이외의 모든 존재는 인간의 목적을 이루기 위한 수단으로 여긴다. (   )

2. 다음 설명이 맞으면 ○표, 틀리면 ×표를 하시오.

1) 스피넬로는 정보 윤리의 기본 원칙으로 자율성, 해악 금지, 선행, 정의의 원칙을 제시하였다. (   )
2) '잊힐 권리'는 정보 소유 및 접근 정도의 차이가 커지는 현상으로 사회·경제적 양극화를 가져올 수 있다. (   )
3) 유교는 만물이 본래의 가치를 지니고 있다고 보고, 천인합일(天人合一)의 경지를 추구하였다. (   )
4) 베이컨은 '지식은 곧 힘'이라고 하며 정복 지향적 자연관을 주장하였다. (   )
5) 책임 윤리를 강조한 요나스는 현세대가 지녀야 할 덕목으로 두려움, 검소, 겸손, 절제 등을 제시하였다. (   )

3. 서로 관련된 내용으로 바르게 연결하시오.

1) 인간 중심주의   ●   ● ㉠ 종(種) 차별주의 비판
2) 싱어   ●   ● ㉡ 베이컨, 데카르트, 칸트
3) 슈바이처   ●   ● ㉢ 대지 윤리
4) 레어폴드   ●   ● ㉣ 생명 외경 강조

1.
1) (㉡)
2) (㉣)
3) (㉠)
4) (㉢)

2.
1) (○)
2) (×)
　　'잊힐 권리'는 개인 정보나 자신이 쓴 게시물 등에 대한 삭제 요구 권리이고, 설명한 내용은 '정보 격차 현상'이다.
3) (○)
4) (○)
5) (○)

3.
1) – ㉡
2) – ㉠
3) – ㉣
4) – ㉢

01

〈보기〉의 내용과 맥락이 다른 것은?

> 보기
>
> 　　과학은 가치 판단의 대상이 아니기 때문에 도덕적 판단의 대상이 되지 않는다.

① 과학 기술의 가치는 과학 기술을 어떻게 활용하느냐에 따라 결정된다.

② 과학 기술의 탐구는 사실 판단의 영역이지 가치 판단의 영역이 아니다.

③ 과학 기술로 인해 발생한 부정적인 결과에 대하여 책임을 물을 수 없다.

④ 연구 목적 설정, 연구 결과 활용 등에 과학자의 가치 판단이 개입된다.

01

〈보기〉는 과학의 가치 중립성을 인정해야 한다는 내용이다. ④는 〈보기〉의 입장과는 달리 연구 목적을 설정하거나 연구 결과를 활용할 때 과학자의 주관적인 가치 판단이 개입되므로 과학 기술도 가치 판단으로부터 자유로울 수 없다는 입장이다.

02

과학 기술자의 윤리적 책임에 대한 설명으로 적절하지 않은 것은?

① 생태계의 질서와 균형이 유지되는 지속 가능한 개발을 추구해야 한다.

② 과학 기술이 인간과 생태계에 미칠 수 있는 영향력을 고려해야 한다.

③ 현재와 미래에 발생할 수 있는 해악성에 대한 반성적 태도가 필요하다.

④ 현 세대에 큰 성과를 가져올 것이라고 판단되는 과학 기술 연구는 어떠한 경우에도 계속한다.

02

현 세대에 큰 성과를 가져온다고 할지라도 미래 세대와 자연에 해악을 끼칠 수 있다고 판단되는 과학 기술 연구는 중단해야 하고, 과학 기술이 현 세대뿐만 아니라 미래 세대에 미칠 수 있는 영향력을 고려하며, 이에 대한 사회적 책임을 다해야 한다.

ANSWER
01. ④　02. ④

03 다음 중 과학 기술의 본질적인 목적으로 옳은 것은?

> ㉠ 도구의 제작　　　 ㉡ 인간의 존엄성 구현
> ㉢ 진리의 발견 및 활용　 ㉣ 인간의 삶의 질 향상

① ㉠, ㉡

② ㉡, ㉢

③ ㉡, ㉣

④ ㉢, ㉣

04 밑줄 친 내용과 관련하여 해당하는 것만을 〈보기〉에서 모두 고른 것은?

> 과학 기술의 결과물이 사회에 미칠 수 있는 부정적 영향과 미래에 초래할 수 있는 위험에 대하여 기술자 개인의 노력뿐만 아니라 사회적 차원의 노력도 함께해야 한다.

| 보기 |
> ㄱ. 연구 윤리의 준수
> ㄴ. 기술 영향 평가 제도 시행
> ㄷ. 과학 기술의 연구와 개발 과정에 시민의 참여와 합의 제도화
> ㄹ. 기술의 효용성에 따른 윤리적 규제 약화

① ㄱ, ㄴ

② ㄱ, ㄹ

③ ㄴ, ㄷ

④ ㄷ, ㄹ

05 다음 내용과 관련하여 책임 윤리를 강조한 사상가는?

> "너의 행위의 결과가 미래에 지구상에서 인간이 살아 갈 수 있는 가능성을 파괴하지 않도록 행위하라."

① 요나스   ② 베이컨

③ 싱어   ④ 슈바이처

06 다음 설명에 해당하는 것은?

기출

> • 의미 : 온라인에서 이루어지는 폭력
> • 종류 : 해킹, 바이러스 유포, 악성 댓글, 거짓 정보 등
> • 집단적으로 이루어지는 경우가 많아 책임을 전가하기 쉬움

① 아동 학대   ② 게임 중독

③ 지적 재산권   ④ 사이버 폭력

07 사이버 따돌림을 예방하기 위한 노력으로 적절한 것을 〈보기〉에서 고른 것은?

기출

> ┌ 보기 ┐
> ㄱ. 타인의 정보를 무단으로 유포하기
> ㄴ. 장난으로 특정 학생에게 모욕 주기
> ㄷ. 사이버 따돌림이 폭력임을 분명히 인식하기
> ㄹ. 가해자를 공정하게 처벌하는 법과 제도 마련하기

① ㄱ, ㄴ   ② ㄱ, ㄹ

③ ㄴ, ㄷ   ④ ㄷ, ㄹ

08 다음 설명에 해당하는 용어는?

> 인터넷, 휴대 전화 등 정보 통신 기기를 이용해 특정인을 대상으로 지속적·반복적으로 심리적 공격을 가하거나, 특정인과 관련된 개인 정보 또는 허위 사실을 유포해 상대방이 고통을 느끼도록 하는 일체의 행위를 말한다.

① 사이버 불링　　　② 지적 재산권
③ 인터넷 실명제　　④ 정보 자기 결정권

09 〈보기〉에서 설명하고 있는 정보 통신 기술 사회의 문제점으로 가장 적절한 것은?

> **보기**
> 오늘날은 인터넷을 통해 전 세계를 하나의 전산망으로 연결하는 정보화 사회이다. 그런데 우리 사회에서는 허락을 받지 않고 음악, 사진과 영상, 컴퓨터 프로그램 등을 유포하거나 이용하는 행위가 공공연하게 이루어지고 있어 문제가 된다.

① 명의 도용　　　② 저작권 침해
③ 개인 정보 유출　④ 정보 격차

10 스피넬로(Spinello, R.)의 사이버 윤리 원칙에 해당하지 않는 것은?

① 선행　　② 정의
③ 경쟁　　④ 자율성

11 다음은 정보 사회에서 요구되는 정보 윤리이다. ㉠에 들어갈 내용으로 옳은 것은?

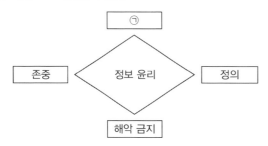

① 책임   ② 선행

③ 자율성   ④ 이성

11
정보 사회에서는 자신의 행동이 가져올 결과를 신중히 생각하고, 책임 있게 행동해야 한다.

12 다음 주제와 관련된 응용 윤리 영역은?

기출

- 사이버 따돌림 문제
- 개인의 사생활 침해
- 해킹, 악성 댓글, 온라인 사기

① 정보 윤리   ② 환경 윤리

③ 직업 윤리   ④ 생명 윤리

12
제시된 주제와 관련된 응용 윤리 영역은 '정보 윤리'이다. 오늘날에는 사이버 공간도 인간의 공동생활 공간이므로 현실 세계와 마찬가지로 자신의 행동에 대한 책임이 뒤따라야 한다.

ANSWER
11. ①   **12.** ①

13 빈칸에 들어갈 내용으로 적절하지 **않은** 것은?

> 〈네티즌 윤리 강령〉
> • 우리는 타인의 인권과 사생활을 존중하고 보호한다.
> • 우리는 불건전한 정보를 배격하고 유포하지 않는다.
> • _____

① 우리는 비·속어를 자제하고, 바른 언어를 사용한다.
② 우리는 유용한 정보라면 타인의 지적(지식) 재산권은 무시한다.
③ 우리는 바이러스 유포나 해킹 등 불법적인 행동을 하지 않는다.
④ 우리는 사이버 공간에 대한 자율적 감시와 비판에 적극 참여한다.

13
타인의 지적 재산권은 보호하고 존중한다.

14 다음 (가)에 들어갈 용어로 가장 적절한 것은?

고난도

정보 자기 결정권	자기의 개인 정보를 누구에게 얼마나 언제까지 어떤 형식으로 공개 또는 폐기할 것인지 등에 관해 개인이 스스로 결정하고 요구할 권리
(가)	자기의 개인 정보나 자신이 쓴 게시물 등이 포털 사이트 등을 통해 여러 사람에게 더 이상 공개되지 않도록 삭제를 요구할 권리

① 삭제 권리
② 잊힐 권리
③ 폐기 권리
④ 비공개 권리

14
'잊힐 권리'는 정보의 자기 결정권을 강조하여 온라인상에서 자신이 공개를 원하지 않는 민감한 정보를 삭제할 수 있는 권리이다.

ⒶⓃⓈⓌⒺⓇ
13. ② **14.** ②

15 다음 중 뉴 미디어의 특징으로 옳지 <u>않은</u> 것은?

① 상호 작용화 ② 비동시화

③ 탈대중화 ④ 아날로그화

16 (가), (나)에 들어갈 용어로 알맞은 것은?

> (가) : 금융 기관 등으로부터 개인 정보를 불법적으로 알아내 이를 악용하는 사기 수법
>
> (나) : 이용자가 공식 홈페이지 주소로 접속해도 피싱 사이트로 유도하여 개인 정보를 몰래 빼가는 수법

	(가)	(나)		(가)	(나)
①	피싱	파밍	②	파밍	피싱
③	블링	스미싱	④	스미싱	블링

17 (가)에 들어갈 용어로 가장 적절한 것은?

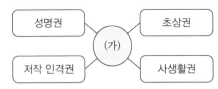

① 미디어 리터러시 ② 국민의 알 권리

③ 인격권 ④ 뉴 미디어의 특징

18 ㉠의 권리 내용에 대한 설명으로 가장 거리가 먼 것은?

> (㉠)은 개인의 인격과 밀접한 관련이 있는 권리를 포괄하는 의미이다. 성질상 권리자 자신에게서 분리할 수 없는 것이며, 양도나 시효의 대상이 되지 않는다.

① 자신의 성명을 사용하는 것에 관한 권리
② 자신의 초상에 관한 독점적인 권리
③ 저작자가 자신의 저작에 관해 갖는 권리
④ 자신의 개인 정보가 공개되지 않도록 삭제를 요구할 권리

18
㉠ 인격권은 인간의 존엄성에 바탕을 둔 사적 권리로, 인격적 이익을 내용으로 한다. 인격권의 종류로는 ① 성명권, ② 초상권, ③ 저작 인격권과 사생활권 등이 있다. ④ '잊힐 권리'에 대한 설명이다.

19 다음에서 설명하는 것은?

> 정보에 대한 접근과 검색, 선택과 이용, 이해와 표현, 수용과 전달, 효과적 활용의 능력

① 네티켓　　② 정보 격차
③ 지적 재산권　　④ 정보 리터러시

19
정보 리터러시(literacy)에 대한 설명이다.

20 도가(道家)의 자연관에 대한 설명으로 가장 적절한 것은?

기출
① 생명을 존중하기 위해 인위적 규범을 따라야 한다고 본다.
② 모든 생명에 대해 인(仁)을 베풀어야 한다고 본다.
③ 연기설에 따라 자비를 실천해야 한다고 본다.
④ 무위자연(無爲自然)을 추구해야 한다고 본다.

20
도가의 자연관은 무위자연(無爲自然)으로 인간이 자연에 인위적 조작과 통제를 가해서는 안 되며, 자연의 가치를 있는 그대로 존중하여 자연의 섭리에 순응하고, 자연과 조화를 이루어야 한다고 하였다.

ANSWER
18. ④　19. ④　20. ④

21 다음 내용들의 공통점으로 가장 적절한 것은?

> • 유학의 천인합일(天人合一)
> • 불교의 연기설(緣起說)
> • 도가의 무위자연(無爲自然)

① 내적 평화 유지
② 인간과 자연의 조화
③ 반성과 성찰적 삶
④ 정신적 안정감 추구

22 다음 글과 관련하여 환경 문제를 초래한 근본 원인으로 비판받는 자연관은?

> 이성을 가진 인간만이 내재적 가치를 지니며, 인간을 제외한 모든 자연은 인간을 위한 도구이다.

① 생명 중심적 자연관
② 생태 중심적 자연관
③ 인간 중심적 자연관
④ 동물 중심적 자연관

23 다음에서 소개하는 윤리 사상가는?

기출

> ◆ 도덕 인물 카드 ◆
> • "아는 것이 힘이다."라고 강조함
> • 인간은 자연을 정복해야 한다고 주장함
> • 저서로 『뉴 아틀란티스』가 있음

① 흄
② 밀
③ 베이컨
④ 슈바이처

21
유학의 천인합일, 불교의 연기설, 도가의 무위자연은 모두 동양의 자연관으로, 인간과 자연의 조화를 강조한 내용들이다.

22
인간 중심적 자연관은 자연을 인간의 도구로 보는 입장이다.

23
제시된 내용의 윤리 사상가는 도구적 자연관(자연은 인간을 위한 도구에 불과하다는 관점)을 주장한 '베이컨'이다.
① 흄 : 로크의 경험론적 인식론을 계승
② 밀 : 행위 공리주의(질적 공리주의)
④ 슈바이처 : 생명 중심주의 윤리(생명 외경 사상)

ANSWER
21. ② **22.** ③ **23.** ③

24 기출 다음에서 동물 중심주의 윤리의 관점에만 '√'를 표시한 학생은?

관점 \ 학생	A	B	C	D
• 인간과 동물의 이익을 평등하게 고려해야 한다.	√			
• 생명을 가진 모든 존재를 수단으로 고려해야 한다.		√		√
• 이성적 능력을 지닌 인간의 권리를 항상 최우선으로 고려해야 한다.			√	√

① A
② B
③ C
④ D

24
동물 중심주의 윤리의 기본 입장은 인간을 포함해 고통을 느낄 수 있는 모든 존재를 도덕적 고려의 대상으로 보며, 인간과 동물을 다르게 대우하는 종(種) 차별은 정당화될 수 없다고 본다. 싱어의 '동물 해방론', 레건의 '동물 권리론' 등이 있다.

25 기출 ㉠, ㉡에 들어갈 윤리적 관점으로 적절한 것은?

㉠	개별 생명체가 아니라 무생물을 포함한 생태계 전체가 도덕적 고려의 대상이다.
㉡	인간과 마찬가지로 동물들도 쾌락과 고통을 느낄 수 있는 존재이므로 도덕적 고려의 대상이다.

	㉠	㉡
①	동물 중심주의	인간 중심주의
②	생태 중심주의	동물 중심주의
③	생명 중심주의	생태 중심주의
④	인간 중심주의	동물 중심주의

25
㉠의 윤리적 관점은 생태 중심주의(대표 이론 – 레오폴드의 대지 윤리)이고, ㉡은 동물 중심주의(대표 이론 – 싱어의 동물 해방론, 레건의 동물 권리론)에 해당한다.

ANSWER
24. ① 25. ②

26 다음에서 생명 중심주의 윤리의 관점에만 '√'를 표시한 학생은?
기출

관점＼학생	A	B	C	D
• 자연은 인간에게 편리한 도구이다.		√		√
• 동물만이 삶을 영위할 권리를 가진다.		√	√	
• 자연의 모든 생명체는 내재적 가치를 지닌다.	√		√	

① A ② B
③ C ④ D

27 다음에서 소개하는 윤리 사상가는?
기출

◈ 도덕 인물 카드 ◈
• 생명 외경사상을 제시함
• 도덕적 원리의 근거로 생명에 대한 사랑과 책임을 강조함
• 생명을 증진시키는 것은 선이며, 생명을 파괴하는 것은 악이라고 봄

① 밀 ② 베이컨
③ 슈바이처 ④ 소크라테스

28 다음 내용과 관련 있는 사상가는?

• 너의 행위의 효과가 지상에서의 진정한 인간적 삶의 지속과 조화될 수 있도록 행위하라.
• 너의 행위의 효과가 인간 생명의 미래의 가능성에 관해 파괴적이지 않도록 행위하라.

① 슈바이처 ② 레오폴드
③ 요나스 ④ 싱어

26
생명 중심주의 윤리는 '생명'을 도덕적 지위를 갖는 기준으로 삼고 있다. 생명 중심주의 윤리는 동물과 식물을 포함한 모든 생명을 도덕적 고려의 대상으로 삼으며, 인간과 인간 이외의 모든 생명을 중시한다. 인간과 다른 생명체가 도덕적으로 서로 다르지 않다고 보며, 모든 생명체는 그 자체로서 도덕적으로 존중받을 내재적 가치를 지닌다고 보았다.

27
제시된 내용의 윤리 사상가는 '슈바이처(1875~1965)'이다.
① 밀 : 질적 공리주의
② 베이컨 : 고전경험론
④ 소크라테스 : 성찰의 중요성 강조

28
요나스는 생태학적으로 시간적으로는 먼 미래, 공간적으로는 전 지구까지 미치는 새로운 책임 윤리를 강조하였다.
① 생명 중심주의
② 생태 중심주의
④ 동물 중심주의

ANSWER
26. ① **27.** ③ **28.** ③

29 온실가스의 인위적 배출을 규제하여 지구 온난화를 방지 **고난도** 하기 위한 국제 협약은?

① 바젤 협약
② 람사르 협약
③ 몬트리올 의정서
④ 기후 변화 협약

30 다음에 해당하는 현대 환경 문제는?

> • 농약이나 화학 비료 등의 과다 사용 또는 각종 중금속에 의하여 발생한다.
> • 이로 인해 환경 호르몬 문제가 발생하기도 한다.

① 대기 오염
② 수질 오염
③ 토양 오염
④ 산림 훼손

31 다음에서 설명하는 것은?

> 환경 보존과 현 세대의 필요를 동시에 만족시킬 수 있도록 경제 성장과 환경 보존이 균형과 조화를 이루는 발전으로, 즉 미래 세대의 자원을 훼손하지 않는 범위 내에서 현 세대의 요구를 충족시키는 것이다.

① 녹색 소비
② 친환경 소비
③ 성장 중심 개발
④ 지속 가능한 발전

NOTE

CHAPTER

05

문화와 윤리

학습 point⁺

1. 도덕주의와 예술 지상주의를 비교하고, 예술의 상업화와 대중문화의 특징, 윤리적 문제를 확인한다.
2. 의복, 음식, 주거와 관련된 윤리적 문제들을 확인하고, 윤리적 소비의 의미와 실천 방안 등에 대해 파악하도록 한다.
3. 다문화를 바라보는 관점들과 관용의 의미·한계의 내용을 파악하고, 종교와 윤리의 관계 및 종교 갈등의 극복 방안 등을 확인한다.

01 예술과 대중문화 윤리

1 미적 가치와 윤리적 가치

(1) 예술의 의미와 기능

① 예술의 의미 : 의미 있고 가치 있는 세계를 창조해 내려는 인간의 다양한 정신적 활동과 그 산물

② 예술의 기능

㉠ 문화의 다양성 촉진 : 인간의 감정과 생각을 자유롭게 표현하게 한다.

㉡ 감정과 정신의 순화 : 심리적 안정과 즐거움을 부여하고, 잠재적으로 억압된 욕망을 해소시킨다.

㉢ 도덕적인 삶과 사회 발전에 기여 : 도시적 교훈이나 모범을 제공하고, 사회의 모순을 비판한다.

③ 예술과 윤리의 공통점과 차이점

공통점	• 인간의 본질에 대한 해명이자 인간성을 향한 정신 활동이다. • 인간의 총체적이고 의미 있는 삶을 형성한다.
차이점	• 예술은 미(美)를 추구하며, 현실적 제약을 넘어서 자유를 추구한다. • 윤리는 선(善)을 추구하며, 현실이라는 제약 속에서 도덕적 당위를 추구한다.

(2) 예술과 윤리의 관계 중요⁺

① 도덕주의 : 미적 가치와 도덕적 가치의 관련성 강조

㉠ 예술의 목적 : 올바른 품성을 기르고 도덕적 교훈이나 모범을 제공하는 것이다.

ⓛ 예술과 윤리의 관계 : 예술에 대한 적절한 윤리적 규제가 필요하다.

ⓒ 참여 예술론 지지 : 예술은 사회적 모순을 비판하고, 사회 발전에 이바지해야 한다.

→ 예술의 사회적 영향력 강조

ⓔ 대표 사상가

플라톤	"예술의 목적은 올바른 행동을 권장하고 덕성을 장려하는 데 있으며, 예술은 도덕을 위한 수단이 되어야 한다."
톨스토이	"예술의 참된 가치는 건전한 개인과 건강한 사회에 공헌하는 도덕적 측면에 있다." → "예술은 만인에게 없어서는 안 될 정신적인 복지"

ⓜ 한계 : 예술의 자율성이 침해될 수 있으며, 예술의 본래 목적에서 벗어날 수 있다.

② 예술 지상주의(심미주의) : 미적 가치와 도덕적 가치는 관련성이 없음을 강조

ⓝ 예술의 목적 : 예술 그 자체를 목적으로 삼고 미적 가치를 구현하는 것이다.

ⓛ 예술과 윤리의 관계 : 예술에 대한 윤리적 규제에 대하여 반대한다.

예술 지상주의
예술의 유일한 목적은 예술 그 자체와 미(美)에 있으며, 도덕적·사회적 효용성을 배제해야 한다. → 예술의 자율성 강조

ⓒ 순수 예술론 지지 : 예술은 예술 이외의 다른 것을 위한 수단이 될 수 없다.

→ '예술 지상주의', '예술을 위한 예술'

ⓔ 대표 사상가

와일드	"예술가는 도덕적 기준과 관습에 상관없이 예술 표현을 할 수 있어야 한다."
스핑건	"시(詩)가 도덕적이라든가 혹은 비도덕적이라고 말하는 것은 정삼각형은 도덕적이고, 이등변 삼각형은 비도덕적이라고 말하는 것과 마찬가지로 무의미하다."

ⓜ 한계 : 예술과 현실을 분리함으로써 예술의 사회적 영향력과 책임을 간과할 수 있다.

③ 예술과 윤리의 바람직한 관계

ⓝ 미적 가치와 도덕적 가치는 조화를 이루어야 한다.

ⓛ 예악(禮樂) 사상 : 예와 악, 즉 도덕과 예술은 상호 보완 관계에 있다.

→ 공자 "예(禮)에서 사람이 서고, 악(樂)에서 사람이 이룩된다."

ⓒ 칸트 : "미(美)는 도덕성의 상징이다."

ⓔ 정약용 : "인간은 칠정(七情)이 있어 마음이 고르지 못한 까닭에 음(音)을 듣고 마음을 씻어 평온해져야 한다."

(3) 예술의 상업화

① 의미 : 상품을 사고파는 행위를 통해 이윤을 얻는 일이 예술 작품에도 적용되는 현상

② 등장 배경

　　㉠ 자본주의의 확산과 예술에서도 경제적 가치를 중시하는 경향이 커졌다.

　　㉡ 예술 작품의 대량 생산과 소비할 수 있는 대중 매체가 발달하였다.

③ 상업화의 양면성　**중요⁺**

　　㉠ 긍정적 측면

　　　　ⓐ 예술에 대한 일반 대중의 접근성이 확대되었다.

　　　　ⓑ 예술가의 안정적 창작 활동 기반을 제공해 줄 수 있다.

　　㉡ 부정적 측면

　　　　ⓐ 예술의 본질을 왜곡하고, 부의 축적 수단으로 전락할 수 있다.

　　　　ⓑ 예술의 질적 저하를 가져올 수 있다.

④ 바람직한 방향 : 예술가는 본연의 자세를 갖고자 노력을 해야 하고, 일반 대중은 예술 작품에 대한 능동적 감상 태도와 비판적 안목을 길러야 한다.

심화학습 ── **팝 아트(Pop Art)와 키치(Kitsch)**

1) 팝 아트(Pop Art) : 대중에게 친숙한 만화나 광고, 대중 스타, 사물 등을 인용하여 이해하기 쉽고 재미있게 표현한 예술 양식으로 앤디 워홀, 리히텐슈타인 등이 대표적이다.

2) 키치(Kitsch) : 진품을 모방하여 헐값에 파는 그림으로 순수 예술을 훼손한다는 비판과 대중의 요구를 충족시킨다는 평가를 동시에 받고 있다.

2 대중문화의 윤리적 문제

(1) 대중문화의 의미와 특징

① 의미 : 대중 매체에 의해 상품으로 대량 생산, 재생산되어 대중 사회를 기반으로 다수가 쉽게 소비하고 향유하는 문화

② 특징　**중요⁺**

대량 생산	대중 매체에 의해 대량으로 생산·복제되어 빠르게 전파된다.
상업성	이윤 창출을 목적으로 시장을 통해 생산·유통·소비된다.
대중성	대중 매체의 발달로 대중이 쉽게 소비하고 향유할 수 있다.
오락성	대중에게 생활의 활력과 즐거움을 제공하는 역할을 한다.

③ 중요성

　㉠ 개인의 가치관이나 행동 양식에 영향을 준다.

　㉡ 오늘날의 사회 변화에 영향을 미친다.

　　　→ 현실 문제에 대한 비판과 풍자, 정치적 목적을 달성하기 위한 수단으로 이용

(2) 대중문화와 관련된 윤리적 문제　　중요⁺

① 선정성과 폭력성

　㉠ 지나친 흥행과 수익성 추구로 인한 자극적인 요소와 표현들의 포함은 대중의 정서에 나쁜 영향을 줄 수 있다.

　㉡ 선정적·폭력적인 내용들은 폭력에 대한 그릇된 인식과 모방 범죄로 이어질 수 있다.

② 지나친 상업성(자본 종속)

　㉠ 대중문화가 이윤을 창출하는 상품으로서 문화 산업의 도구로 이용될 수 있다.

　㉡ 대중문화의 다양성이 떨어지고 획일화되는 경향이 나타날 수 있다.

　　　→ 대중문화의 영향을 받는 대중의 삶도 획일화될 수 있다는 것을 의미

(3) 대중문화에 대한 윤리적 규제

찬성 입장	반대 입장
• 성의 상품화 예방과 미풍양속, 청소년들을 보호할 수 있음 • 문화 산업의 도구로 전락하는 개인을 보호할 수 있음	• 대중문화의 자율성과 표현의 자유, 대중의 문화 향유권을 제한할 수 있음 • 정치적 의도와 억압의 수단으로 악용될 수 있음

(4) 대중문화에 대한 바람직한 태도

① 소비자 : 대중문화를 주체적으로 선별하여 받아들이고, 비판적으로 수용해야 한다.

② 생산자 : 지나친 이윤 추구에서 벗어나 유익하고 의미 있는 건전한 대중문화를 생산해야 한다.

③ 법적·제도적 측면 : 방송법 등을 통하여 공적 책임을 부여하고, 자율적인 자정 노력을 위한 사회적 기구들을 구성해야 한다.

02 의식주 윤리와 윤리적 소비

1 의복 문화와 윤리적 문제

(1) 의복의 의미

① 의복의 일반적 의미 : 신체를 보호하거나 추위와 더위를 막아 주는 기능을 할 뿐만 아니라 신분이나 지위, 성별 또는 직업을 나타내는 등의 기능을 수행하였다.

② 의복의 윤리적 의미

㉠ 개인적 차원 : 자신만의 개성 표현의 수단이자 가치관을 반영하며, 가치관 형성에 영향을 미친다.

㉡ 사회적 차원 : 관혼상제 등의 행사에 격식에 맞는 의복으로 상대방에 대한 예의를 표현하며, 소속 집단이나 사회의 가치관을 나타낸다.

> **잠깐**
>
> **패스트 패션과 슬로 패션**
> • 패스트 패션 : 최신 유행이나 소비자의 취향 변화에 맞춰 빠르게 생산되고 소비되는 의류
> • 슬로 패션 : 친환경 소재를 원료로 하여 친환경 공법으로 생산되어 소비되는 의류

(2) 의복과 관련된 윤리적 문제

① 유행 추구 현상

긍정적 입장	• 개인의 미적 감각과 개성, 가치관의 표현 수단 • 새로운 유행을 창조, 문화 발전의 바탕이 됨
부정적 입장	• 의복 문화의 획일화와 몰개성화, 무비판적인 동조현상 초래 • 패스트 패션은 자원 낭비, 노동 착취, 환경 문제 등을 초래

② 명품 선호 현상

긍정적 입장	• 개인은 자유롭게 상품을 선택하고 구입할 권리를 가지고 있음 • 개인의 심리적 만족감과 품위를 높이는 수단이 될 수 있음
부정적 입장	• 남에게 보여주기 위한 과시적 소비일 뿐임 • 사치 풍조를 조장하여 계층 간의 위화감을 조성

(3) 바람직한 해결 노력

① 생산자 : 사회적 책임 의식을 갖고, 사람과 환경을 위한 윤리 경영을 실천해야 한다.

② 소비자 : 무비판적 소비를 지양하고, 인권과 생태 환경을 고려한 윤리적 소비를 해야 한다.

2 음식 문화와 윤리적 문제

(1) 음식의 윤리적 의미

① 생명권 유지 : 인간은 음식 섭취를 통하여 생활의 에너지를 얻고 생명과 건강을 유지한다.

② 사회 도덕성 구현 : 정직하고 믿을 수 있는 식재료와 음식의 생산은 도덕적 사회의 기본이 된다.

③ 건강한 생태계 유지 : 올바른 방법으로 음식 재료를 획득하고 가공이 이루어져야 한다.

(2) 음식과 관련된 윤리적 문제 　중요⁺

① 식품 안전성 문제 : 해로운 첨가제를 사용한 부정 식품, 유전자 변형 농산물(GMO) 등은 건강을 해칠 수 있다. → 생명권 침해 가능

② 환경오염 문제

　㉠ 화학 비료, 농약 등의 과도한 사용으로 환경오염이 발생한다.

　㉡ 무분별한 음식물 소비로 인해 음식물 쓰레기가 증가하고, 이를 처리하는 데 많은 자원이 낭비된다.

　㉢ 수입 식품 소비가 늘어나면서 장거리 식품 운송에 따른 탄소 배출량은 더욱 증가한다.

③ 동물 복지 문제 : 육류 소비 증가에 따른 동물에 대한 비윤리적 처우 문제와 대규모 공장식 사육 및 도축 과정에서 동물권 문제가 발생한다.

④ 음식 불평등 문제 : 국가 간 빈부 격차의 증가와 식량 수급 불균형 등으로 식량 문제, 기아 문제가 발생한다.

> **로컬 푸드 운동과 슬로푸드 운동** 　검색
> • 로컬 푸드 운동 : 지역에서 생산된 친환경적인 농산물을 해당 지역에서 소비하자는 운동
> • 슬로푸드 운동 : 비만 등을 유발하는 패스트푸드의 문제를 해결하고자 가공하지 않고 사람의 손맛이 들어간 음식

(3) 바람직한 해결 노력

개인적 측면	• 음식물 쓰레기 줄이기 • 육류 소비 줄이기 • 로컬 푸드 운동, 슬로푸드 운동 동참하기
사회적 측면	• 안전한 먹거리 인증, 성분 표시 의무화, 육류 사육 방식의 개선 등 안전한 음식 문화 형성을 위한 제도 마련 • 식량 문제, 기아 문제 해결을 위한 전 세계적 차원의 노력이 필요함

3 **주거 문화와 윤리적 문제**

(1) 주거의 윤리적 의미

① 개인적 측면 : 집은 휴식과 행복, 평화를 누릴 수 있는 삶의 기본 터전이며, 자신의 진정한 존재 근거를 발견할 수 있다.

② 사회적 측면 : 집을 중심으로 가족, 이웃들과 교류하면서 유대감과 소속감을 바탕으로 정서적으로 안정된 생활을 누린다.

(2) 주거와 관련된 윤리적 문제 중요⁺

① 이웃 간의 소통 단절

㉠ 바쁜 일상생활로 이웃에 대해 무관심해지고, 이웃 간의 대화가 줄었다.

㉡ 공동 주택의 폐쇄성에 따른 갈등과 분쟁이 발생하였다.

→ 층간 소음 문제, 주차 공간 부족 문제 등

② 생활의 질 저하 : 도시 중심의 주거 문화에 따른 도시 문제가 발생하였다.

→ 환경오염, 교통 혼잡, 소음 공해, 녹지 공간 부족 등

③ 주거의 본질적 의미 퇴색

㉠ 집의 본질적 가치보다 경제적 가치를 중시하여 부의 축적 수단으로 여기게 되었다.

㉡ 열악한 주거 환경으로 인한 주거권의 침해, 주거 불안정과 불평등성의 '주거 정의' 문제 등이 발생하였다. → 하우스 푸어, 젠트리피케이션 현상 등

> **젠트리피케이션 현상** ▼ 검색
>
> 도시 재개발로 치솟은 집값을 감당하지 못하는 원주민이 외곽으로 밀려나거나 대규모 프랜차이즈 등 상업 자본이 들어오면서 기존의 소규모 가게와 상인들이 떠날 수밖에 없는 현상을 말한다.

(3) 바람직한 해결 노력

① 주거의 본질적 가치 회복 : 집은 인간 삶의 바탕이자 휴식과 평화를 누리는 내적 공간으로서 인식해야 한다.

② 주거 지역의 격차 해소 : 주거 환경의 균형적 발전과 '주거 정의'를 추구해야 한다.

③ 공동체적 주거 문화 형성 : 이웃에 대한 관심과 상호 작용을 통하여 공동체적 유대감과 소속감을 형성해야 한다.

4 윤리적 소비문화

(1) 소비의 의미와 소비문화의 특징

① 의미 : 일정한 대가를 지불하고 생활에 필요한 물품이나 서비스를 구입하거나 이용하는 것

② 중요성 : 소비를 통하여 생활을 유지하고, 상품의 유통을 원활하게 하여 경제를 성장시킨다.

③ 현대 소비문화의 특징

대량 소비	물질적 풍요와 여유를 기반으로 대량으로 소비하는 것
과소비	소득 범위를 넘어서 과도하게 소비하는 것
과시 소비	• 남에게 보여 주기 위해서 지나치게 고가의 상품을 소비하는 것 → 베블렌 효과 : 허영심에 의해 고급 사치품에 대한 수요 발생
모방 소비	• 다른 사람의 소비를 무조건 따라하는 것 → 밴드왜건 효과 : 유행에 따라 상품을 구매하는 모방 소비 현상
충동 소비	계획 없이 즉흥적으로 소비하는 것

(2) 합리적 소비와 윤리적 소비

① 합리적 소비

　㉠ 의미 : 자신의 욕구를 정확히 알고 가격, 품질, 사후 서비스 등 상품에 대한 충분한 정보를 습득한 뒤 자신의 한정된 소득 내에서 가장 좋은 제품을 구입하는 것을 말한다.

　㉡ 한계 : 경제적 측면에만 초점을 두기 때문에 의도하지 않게 환경 문제, 인권 문제, 사회 부정의, 동물 학대 등을 조장할 수 있다.

② 윤리적 소비

　㉠ 의미 : 윤리적인 가치 판단에 따라 상품이나 서비스를 구매하고 사용하는 것이다.

　㉡ 특징 : 소비자의 이익을 넘어 인권, 평화, 환경, 정의 등 인류의 보편적 가치를 적극적으로 고려한다.

(3) 윤리적 소비의 필요성과 실천　　중요⁺

① 필요성 : 소비자의 이익을 넘어 타인의 인권과 사회 정의, 환경오염 방지, 건강한 생태계 유지 등까지도 고려해야 한다.

> 애니멀 프리 패션 ▼ 검색
>
> 모피, 털, 가죽 등을 재료로 사용하지 않은 제품

② 윤리적 소비의 유형

내 용	사 례
인권과 정의를 생각하는 소비	• 공정 무역 상품 구매 • 노동자의 인권과 복지를 보장하는 기업 상품 구매
공동체적 가치를 생각하는 소비	• 로컬 푸드 운동
동물 복지를 생각하는 소비	• 애니멀 프리 패션 상품 구매
환경 보전을 생각하는 소비	• 친환경 상품 소비, 공정 여행(책임 여행)

③ 실천을 위한 노력

  ㉠ 개인적 차원 : 인권, 정의, 환경 등의 가치 실현을 지향하는 윤리적 소비를 실천해야
    한다.

  ㉡ 사회적 차원 : 윤리적 소비 확산을 위한 제도적 장치를 마련해야 한다.

    → 친환경 제품 인증과 환경 마크, 사회적 기업 지원 법률 제정, 기업 윤리 경영을 위한 제도 마련 등

(4) 사회적 기업의 의미와 유형

① 의미 : 사회적 가치에 우위를 두고 생산 활동을 하며, 이를 통해 창출된 수익을 사회적 목
적을 위해 환원하는 기업

② 유형

구 분	내 용
일자리 제공형	취약 계층에게 일자리를 제공하는 유형
사회 서비스 제공형	취약 계층에게 사회 서비스를 제공하는 유형
지역 사회 공헌형	지역 사회에 공헌하는 유형
혼합형	일자리 제공과 사회 서비스 제공이 혼합된 유형

03 다문화 사회의 윤리

1 문화 다양성과 존중

(1) 다문화 사회의 의미와 특징

① 의미 : 한 사회 안에서 인종, 민족, 종교, 문화적 배경이 다른 여러 문화가 공존하는 사회

② 특징

　　㉠ 세계화와 관련이 있으며 통일성보다 다양성, 단일성보다 다원성, 동일성보다 차이를 강조한다.

　　㉡ 새로운 문화 요소의 도입으로 문화 선택의 폭과 문화 발전의 기회가 확대되었다.

　　㉢ 다양한 문화적 요소의 충돌로 갈등의 발생과 사회적 통합이 어려울 수 있다.

(2) 다문화를 바라보는 관점　중요⁺

① 동화주의

　　㉠ 관점 : 이주민의 문화 등 소수 문화를 주류 문화에 적응시키고 통합하려는 입장이다.

　　　→ 용광로 이론

　　㉡ 장점 : 문화 충돌에 따른 갈등을 방지하고, 사회적 결속력이 강화될 수 있다.

　　㉢ 한계 : 문화의 역동성과 다양성이 훼손될 수 있으며 정체성이 상실될 수 있다.

② 다문화주의

　　㉠ 관점 : 이주민의 고유한 문화와 자율성을 존중하여 문화 다양성을 실현하려는 입장이다. → 샐러드 그릇 이론, 모자이크 이론

　　㉡ 장점 : 다양한 문화가 각각의 정체성을 유지하면서 조화를 이루어 문화 간의 갈등을 줄일 수 있다.

　　㉢ 한계 : 사회적 연대감이나 결속력이 부족하여 사회적 통합에 어려움이 있다.

③ 문화 다원주의

　　㉠ 관점 : 주류 문화의 바탕 위에 이주민의 문화적 다양성을 인정하는 입장이다. → 국수 대접 이론

　　㉡ 장점 : 이주민이 문화적 정체성을 유지하면서 공존할 수 있다.

　　㉢ 한계 : 주류 문화의 우위를 인정하며, 다른 문화와의 불평등이 발생할 수 있다.

> **바로바로 CHECK√**
>
> 다문화를 바라보는 관점 중 동화주의와 가장 관계있는 이론은?
> ① 샐러드 그릇 이론
> ② 모자이크 이론
> ❸ 용광로 이론
> ④ 국수 대접 이론

(3) 다문화 사회에 필요한 시민 의식　중요⁺

① 문화적 편견 극복

　　㉠ 필요성 : 문화적 편견이 타인의 보편적 권리를 침해할 경우 심각한 문제가 발생할 수 있기 때문에 이를 극복해야 한다.

ⓛ 문화적 편견 사례

구 분	의 미
자문화 중심주의	자신의 문화가 다른 문화보다 우월하다고 믿고, 자기 문화의 기준에 따라 다른 문화를 평가하고 무시하는 태도 → 히틀러의 나치즘, 중국의 중화사상
문화 사대주의	다른 사회의 문화를 더 우월하다고 믿고 그것을 무비판적으로 수용·동경하여 자신의 문화를 지나치게 과소평가하거나 무시하는 태도 → 외제 선호 사상, 조선의 천하도
문화 제국주의	자문화 중심주의가 극단적으로 발전한 형태로서 다른 나라의 고유문화를 부정하고 문화적 지배와 종속을 강요하는 태도

② 문화 상대주의와 윤리 상대주의

ⓐ 문화 상대주의 : 다른 나라의 문화를 상대의 관점에서 인정하고 존중할 것을 강조하는 입장 → 문화적 차이에 따른 갈등을 예방할 수 있다.

ⓑ 윤리 상대주의 : 행위의 도덕적 옳음과 그름은 사회마다 다양하기 때문에 도덕 기준은 존재하지 않는다는 입장 → 인류의 보편 윤리를 위반하는 문화까지 인정할 위험이 있다.

　㉔ 노예 제도, 인종 차별, 명예 살인 등

③ 다문화에 대한 관용과 한계

ⓐ 관용의 실천 : 자신과 다른 문화적 배경을 가진 사람들의 가치관이나 생각 등에 대해 서로의 차이와 다름을 인정하고 받아들이며 존중하는 것이다.

ⓑ 관용의 필요성 : 인간의 존엄성과 인권을 보호하고, 갈등을 예방하며, 사회 통합과 사회 발전에 기여한다.

ⓒ 관용의 한계 : 관용은 타인의 인권과 자유를 침해하지 않는 범위 내에서, 인간의 존엄성과 보편적 가치를 훼손하지 않는 범위 내에서, 사회 질서를 훼손하지 않는 범위 내에서 요구된다. → '관용의 역설'에 대한 경계 : 관용을 무제한으로 허용한 결과, 관용 자체를 부정하는 사상이나 태도까지 인정하게 되어 인권이 침해되고 사회 질서가 무너질 수 있다.

(4) 바람직한 문화 정체성 확립을 위한 노력

① 전통문화의 창조적 계승 : 전통문화를 현대 사회에 맞게 새롭게 정립하여 발전시키고, 창조적으로 계승해야 한다.

② 타 문화의 개방적·주체적 수용

ⓐ 자기 문화의 정체성을 확립한 상태에서 타 문화를 수용해야 한다.

ⓑ 타 문화를 열린 마음으로 받아들이고 다양한 문화에 대한 견문을 넓힌다.

ⓒ 문화 사대주의나 자문화 중심주의에 빠지지 않
는 화이부동(和而不同), 구동존이(求同存異)의
자세를 가지고 타 문화를 수용해야 한다.
→ 공자 "군자는 다른 사람들과 화합하되 동화되지는
않는다."

화이부동, 구동존이	검색

- 화이부동 : 남과 사이좋게 지내되 의(義)
를 굽혀 쫓지는 아니함
- 구동존이 : 서로 다른 점을 인정하면서
같은 점을 추구함

심화학습 다문화 사회를 설명하는 여러 가지 이론

1) 용광로 이론 : 서로 다른 여러 금속을 용광로에 넣으면 모두 녹아 하나가 되는 것처럼, 하나의 용광
로에 다양한 문화가 융합되어 새로운 문화를 형성한다는 이론

2) 샐러드 그릇 이론 : 샐러드 그릇 안에서 다양한 채소가 고유한 맛을 지키면서도 조화를 이루는 것처
럼 모든 문화가 자기만의 특성을 유지하면서 기존 문화와 공존할 수 있다는 이론

3) 국수 대접 이론 : 주류 문화는 국수와 국물처럼 중심 역할을 하며, 이주민의 문화는 색다른 맛을 더
해 주는 고명이 되어 자신의 문화적 정체성을 유지하면서 공존한다는 이론

4) 모자이크 이론 : 여러 조각들인 다양한 문화가 모여 하나의 모자이크를 만든다는 이론

2 종교의 공존과 관용

(1) 종교의 본질

① 종교의 의미와 본질

ㄱ 의미 : 인간이 자신의 유한성을 인식하고 현실의 한계를 초월하려는 활동으로, 무한
하고 절대적이며 초인간적인 신을 숭배하는 것과 연관된 활동

ㄴ 본질 : 일반적으로 사랑, 평화, 행복, 고통으로부터의 해방, 이타성 등 인간 삶의 궁
극적 지향을 담고 있다.

② 종교의 구성 요소

ㄱ 내용적 측면 : 성스럽고 거룩한 것에 관한 주관적 체험과 믿음

ㄴ 형식적 측면 : 경전과 교리, 교단, 의례와 형식 등

③ 종교의 역할과 기능

긍정적 측면	• 초월적 존재에게 호소하고 의지함으로써 현실적 어려움 및 죽음이라는 인간의 유한성에 대한 불안을 극복할 수 있도록 함 • 삶의 궁극적인 의미를 찾도록 해 주고, 교리를 통해 도덕적인 삶을 살도록 이끌어 줌 • 사회 정의 구현의 기초가 되며, 사회 부조리를 개선하고 사회 질서를 유지하도록 함 • 사회 통합 및 인류의 문화 발전에 기여함
부정적 측면	• 종교적 맹신과 독선으로 많은 사람들에게 종교의 이름으로 고통을 주기도 함 • 종교 간의 갈등을 야기하여 사회적 혼란을 일으키기도 함

(2) 종교와 윤리의 관계 중요⁺

① 공통점과 차이점

㉠ 공통점 : 종교와 윤리는 모두 도덕성(보편 윤리)을 중시한다. → 황금률 : 인간관계와 관련하여 성서에 나오는 교훈으로, 보편적인 행위의 도덕 법칙을 지켜야 함을 강조

㉡ 차이점

구 분	종 교	윤 리
차이점	초월적 세계, 궁극적 존재에 근거한 종교적 신념이나 교리 제시	인간의 이성, 양심, 상식, 도덕 감정 등에 근거하여 현실 세계에서 지켜야 할 규범 제시
특 징	종교적 신념이나 교리에 따름	현실 세계에서 누구나 지켜야 함

② 바람직한 관계

㉠ 종교는 윤리적이고 바람직한 삶의 모습을 제시하여 윤리적 삶을 살도록 동기를 제공한다.

㉡ 윤리는 종교를 판단할 수 있는 근거가 되며, 종교가 올바른 방향으로 나아가는 데 도움을 줄 수 있다.

> **참깐**
> **황금률**
> • 유교 : 네가 원하지 않는 바를 다른 사람에게 행하지 마라. → 공자의 서(恕)
> • 불교 : 어떤 일로 고통받은 적이 있다면 그 방식으로 남에게 상처를 주지 마라.
> • 크리스트교 : 너희는 남에게서 바라는 대로 남에게 해 주어라.

(3) 종교의 갈등과 공존

① 종교 간의 갈등 원인

㉠ 타 종교에 대한 배타적인 태도 : 자신의 종교에 대한 절대성만을 강조하여 타 종교의 존재를 인정하지 않고, 공격적인 태도를 갖는다.

    ⓛ 타 종교에 대한 무지와 편견 : 타 종교에 대한 지식이 부족하고, 가치관과 교리의 차이를 부정한다.

    ⓒ 종교 외적 요소와의 관계 : 종교적 신념의 문제뿐 아니라 인종, 민족, 문화 등의 요소와도 관련성을 갖는다.

② 종교 간의 갈등 유형

    ㉠ 국가 간의 갈등, 국가 내의 갈등, 종교 간의 갈등, 종파 간의 갈등이 있다.

        예 이스라엘과 팔레스타인, 인도와 파키스탄, 중세의 십자군 전쟁 등

    ⓛ 교리 문제, 정치 문제, 경제 문제, 역사 문제 등에 대한 복합적인 갈등 양상을 보인다.

    ⓒ 갈등이 심한 경우에는 테러, 전쟁 등과 같은 폭력적인 상황으로 나타나기도 한다.

(4) 종교 갈등의 극복 방안 중요⁺

① **종교의 자유 인정** : 인간은 종교를 선택할 수 있는 권리, 종교에 대한 신앙을 강요받지 않을 권리, 종교를 가지지 않아도 되는 권리를 가지고 있다.

② **종교적 관용 필요** : 종교적 진리에 대한 인간의 인식은 상대적이고 오류가 있을 수 있으므로 상호 인정과 수용의 자세를 가져야 한다.

③ **종교 간의 대화와 협력** : 종교 간의 이해와 존중을 바탕으로 대화와 협력을 통해 갈등을 해소하고자 노력해야 한다.

한스 큉	• "종교 간의 대화 없이 종교 간의 평화 없고, 종교 평화 없이는 세계 평화도 없다." • "참된 종교는 '신적인 것'의 바탕에 반드시 '인간적인 것'을 두고 있어야 한다."
뮐러	"하나만을 아는 자는 아무것도 모르는 자이다."
원효	화쟁(和諍) 사상 : 다양한 불교 종파들의 대립을 극복하고 통합을 강조

알아두면 점수파는 이야기   대화를 통해 실현하는 종교 평화

  대화 역량은 평화 역량을 위한 덕목이다. 대화가 중단되는 곳에는 그것이 개인적인 영역이든 아니면 공적인 영역이든 전쟁이 일어났다. 대화가 실패하는 곳에서 억압이 시작되었고, 권력자들의 힘이 지배했다. 대화를 시도하는 자는 발포하지 않는다. 대화를 지지하는 자는 자신의 교회와 종교의 규칙에 얽매이지 않으며, 다르게 생각하는 자 또한 이단자와의 투쟁이라는 형태를 혐오한다. 대화를 지지하는 자는 대화를 고수하고, 필요하다면 타인의 입장을 존중하고자 하는 강력한 내적인 힘을 소지해야 한다.
                                        – 한스 큉 『세계 윤리 구상』

01 | 예술과 대중문화 윤리

1 미적 가치와 윤리적 가치

1) 예술과 윤리의 공통점과 차이점

공통점	인간의 본질에 대한 해명이자 인간성을 향한 정신 활동이다.
차이점	• 예술은 미(美)를 추구하며, 현실적 제약을 넘어서 자유를 추구 • 윤리는 선(善)을 추구하며, 현실이라는 제약 속에서 도덕적 당위를 추구

2) 예술과 윤리의 관계

도덕주의	미적 가치와 도덕적 가치의 관련성 강조 → 플라톤, 톨스토이
예술 지상주의	예술 그 자체를 목적으로, 미적 가치를 구현 → 와일드, 스핑건
예술과 도덕의 조화	공자(예악 사상), 칸트(미(美)는 도덕성의 상징), 정약용(7정)

3) 예술의 상업화

긍정적 측면	일반 대중의 접근성 확대, 예술가의 안정적 창작 활동 기반 제공
부정적 측면	예술의 본질을 왜곡, 부의 축적 수단으로 전락, 예술의 질적 저하

2 대중문화의 윤리적 문제

1) 대중문화의 특징과 윤리적 문제

특 징	대량 생산, 상업성, 대중성, 오락성 등
윤리적 문제	선정성, 폭력성, 지나친 상업성(자본 종속) → 획일화 경향

2) 대중문화에 대한 윤리적 규제

찬성 입장	반대 입장
성의 상품화 예방, 미풍양속·청소년들 보호	자율성·표현의 자유·문화 향유권 제한

02 | 의식주 윤리와 윤리적 소비

1 의복 문화와 윤리적 문제

1) 의복과 관련된 윤리적 문제

유행 추구 현상	긍정적(유행 창조, 문화 발전) ↔ 부정적(획일화, 노동 착취, 환경 문제)
명품 선호 현상	긍정적(개인의 권리, 심리적 만족감) ↔ 부정적(과시적, 사치 풍조 조장)

2) 바람직한 해결 노력

생산자	사회적 책임 의식을 갖고, 사람·환경을 위한 윤리 경영을 실천
소비자	무비판적 소비 지양과 인권·생태 환경을 고려한 윤리적 소비

2 음식 문화와 윤리적 문제

내 용	식품 안전성 문제, 환경오염 문제, 동물 복지 문제, 음식 불평등 문제 등
해결 노력	• 개인적 측면 : 음식물 쓰레기 줄이기, 육류 소비 줄이기, 로컬·슬로푸드 운동 • 사회적 측면 : 안전한 먹거리 인증, 성분 표시 의무화, 육류 사육 방식의 개선 등

3 주거 문화와 윤리적 문제

내 용	이웃 간의 소통 단절, 생활의 질 저하, 주거의 본질적 의미 퇴색 → 하우스 푸어, 젠트리피케이션 현상 등
해결 노력	주거의 본질적 가치 회복, 주거 지역의 격차 해소, 공동체적 주거 문화 형성

4 윤리적 소비문화

1) 소비의 중요성과 소비문화의 특징

중요성	소비를 통하여 생활을 유지, 상품의 유통을 원활하게 하여 경제를 성장
특 징	대량 소비, 과소비, 과시 소비(베블렌 효과), 모방 소비(밴드왜건 효과) 등

2) 윤리적 소비의 유형과 사회적 기업의 유형

윤리적 소비	인권과 정의를 생각하는 소비(공정 무역 상품 구매), 공동체적 가치를 생각하는 소비(로컬 푸드 운동), 동물 복지·환경 보전을 생각하는 소비
사회적 기업	일자리 제공형, 사회 서비스 제공형, 지역 사회 공헌형, 혼합형

03 | 다문화 사회의 윤리

1 문화 다양성과 존중

1) 다문화를 바라보는 관점

동화주의	소수 문화를 주류 문화에 적응·통합하려는 입장 → 용광로 이론
다문화주의	이주민의 고유한 문화·자율성 존중 → 샐러드 그릇 이론, 모자이크 이론
문화 다원주의	주류 문화 바탕 위에 이주민의 문화적 다양성 인정 → 국수 대접 이론

2) 다문화 사회에 필요한 시민 의식

관용의 실천	서로의 차이와 다름을 인정하고 받아들이며 존중
관용의 한계	'관용의 역설'에 대한 경계

2 종교의 공존과 관용

공통점		종교와 윤리는 모두 도덕성(보편 윤리)을 중시 → 황금률
차이점	종 교	초월적 세계, 궁극적 존재에 근거한 종교적 신념이나 교리 제시
	윤 리	인간의 이성, 양심, 상식, 도덕 감정 등에 근거, 현실 세계의 규범 제시

1 예술과 윤리의 관계

도덕주의	미적 가치와 도덕적 가치의 관련성 강조 → 플라톤, 톨스토이
예술 지상주의	예술 그 자체를 목적으로 미적 가치 구현 → 와일드, 스핑건
예술과 도덕의 조화	공자(① 사상), 칸트(미(美)는 도덕성의 상징), 정약용(7정)

① 예악

2 대중문화의 특징과 윤리적 문제

특 징	대량 생산, 상업성, 대중성, 오락성 등
윤리적 문제	선정성, 폭력성, 지나친 상업성(자본 종속) → ② 경향

② 획일화

3 윤리적 소비의 유형과 사회적 기업의 유형

윤리적 소비	• 인권과 정의를 생각하는 소비(③ 무역 상품 구매) • 공동체적 가치를 생각하는 소비(로컬 푸드 운동) • 동물 복지·환경 보전을 생각하는 소비
사회적 기업	일자리 제공형, 사회 서비스 제공형, 지역 사회 공헌형, 혼합형

③ 공정

4 다문화를 바라보는 관점

동화주의	소수 문화를 주류 문화에 적응·통합하려는 입장 → ④ 이론
다문화주의	이주민의 고유한 문화·자율성 존중 → ⑤ 이론, 모자이크 이론
⑥	주류 문화 바탕 위에 이주민의 문화적 다양성 인정 → 국수 대접 이론

④ 용광로
⑤ 샐러드 그릇
⑥ 문화 다원주의

5 종교와 윤리의 관계, 극복 방안

공통점	종교와 윤리는 모두 도덕성(보편 윤리)을 중시 → ' ⑦ '
⑧	"종교 간의 대화 없이 종교 간의 평화 없고, 종교 평화 없이는 세계 평화도 없다."
원효	화쟁(和諍) 사상 강조

⑦ 황금률
⑧ 한스 큉

1. 관련 있는 내용을 보기에서 골라 (　　) 안에 쓰시오.

> ⊙ 예술 지상주의　　　ⓛ 윤리적 소비
> ⓒ 다문화주의　　　　ⓔ 황금률

1) 소비를 함에 있어서 인권, 평화, 환경, 정의 등 인류의 보편적 가치를 고려하는 것을 말한다. (　　　)
2) 예술 그 자체를 목적으로 삼고 미적 가치를 구현하는 것을 말한다. (　　　)
3) 인간관계와 관련하여 성서에 나오는 교훈으로, 보편적인 행위의 도덕 법칙을 지켜야 함을 강조하였다. (　　　)
4) 이주민의 고유한 문화와 자율성을 존중하여 문화 다양성을 실현하려는 입장이다. (　　　)

2. 다음 설명이 맞으면 ○표, 틀리면 ×표를 하시오.

1) 공자는 "예(禮)에서 사람이 서고, 악(樂)에서 사람이 이룩된다."고 하였다. (　　)
2) 자문화 중심주의는 다른 사회의 문화를 더 우월하다고 믿고 그것을 무비판적으로 수용·동경하여 자신의 문화를 지나치게 과소평가하거나 무시하는 태도이다. (　　)
3) 문화 다원주의는 주류 문화 바탕 위에 이주민의 문화적 다양성을 인정하는 입장이다. (　　)
4) 로컬 푸드 운동은 지역에서 생산된 친환경적인 농산물을 해당 지역에서 소비하자는 운동이다. (　　)
5) 한스 큉은 "종교 간의 대화 없이 종교 간의 평화 없고, 종교 평화 없이는 세계 평화도 없다."고 하였다. (　　)

3. 서로 관련된 내용으로 바르게 연결하시오.

1) 칸트　　　　　　●　　　● ⊙ 미(美)는 도덕성의 상징
2) 베블렌 효과　　　●　　　● ⓛ 공정 무역 상품 구매
3) 윤리적 소비　　　●　　　● ⓒ 과시 소비
4) 국수 대접 이론 ●　　　● ⓔ 문화 다원주의

1.
1) (ⓛ)
2) (⊙)
3) (ⓔ)
4) (ⓒ)

2.
1) (○)
2) (×)
　자문화 중심주의는 자기 문화의 기준에 따라 다른 문화를 평가하고 무시하는 태도이고, 설명한 내용은 문화 사대주의이다.
3) (○)
4) (○)
5) (○)

3.
1) – ⊙
2) – ⓒ
3) – ⓛ
4) – ⓔ

01 예술에 대한 설명으로 가장 적절하지 <u>않은</u> 것은?

① 인간의 감정을 순화하고 심리적인 안정감을 준다.

② 현실적 제약 속에서 선(善)과 도덕적 당위를 주로 추구한다.

③ 가치 있는 세계를 창조하려는 인간의 본질적 요구 로부터 발생한다.

④ 공감과 소통의 매개가 됨으로써 인간 사이의 교류 수단의 역할을 한다.

02 다음과 관련 있는 관점은?

> • 예술은 사회의 산물이므로 그 자체로 자율성을 지닐 수 없다.
> • 모든 예술 작품은 고결한 품성과 올바른 행위를 포함 하여 도덕적 교훈이나 본보기를 제공해야 한다.

① 도덕주의   ② 심미주의

③ 형식주의   ④ 예술 지상주의

03 예술과 외설에 대한 설명으로 옳지 <u>않은</u> 것은?

① 예술의 목적은 창조적인 미적 가치의 표현이다.

② 예술은 성과 관련된 표현을 절대 사용하지 않는다.

③ 외설에 대해 대부분의 사람들이 성적 수치심이나 불쾌감을 느낀다.

④ 외설은 성적 호기심을 일으키기 위하여 성과 관련 된 표현을 과도하게 드러낸다.

01
②는 윤리에 대한 설명이다.

02
예술의 사회성과 사회적 영향력을 강조하 는 입장으로, 미(美)의 추구가 선(善)의 실 현에 기여해야 한다고 본다.

03
② 예술의 경우 주제를 표현하기 위해 반 드시 성이나 신체와 관련된 표현이 필 요한 경우에는 이를 적절히 사용한다.

ANSWER

01. ②   02. ①   03. ②

04 다음 두 사상가의 공통된 입장으로 가장 적절한 것은?
기출

공자

예(禮)에서 사람이 서고 악(樂)에서 사람이 완성된다.

인간은 칠정(七情)이 있어 마음이 고르지 못한 까닭에 음(音)을 듣고 마음을 씻어 평온해져야 한다.

정약용

① 예술은 사회에 영향을 미칠 수 없다.
② 예술은 미적 가치만을 추구해야 한다.
③ 예술은 도덕성 함양에 기여할 수 있다.
④ 예술은 인간의 도덕적 삶과 관련이 없다.

04

두 사상가 공자와 정약용의 공통된 입장은 '예술은 도덕성 함양에 기여할 수 있다'는 것이다. 아름다움을 추구하는 예술은 도덕적 감수성을 고양시키는 것으로 미적 가치와 도덕적 가치는 조화를 이루어야 하고, 도덕과 예술은 상호 보완적 관계에 있다고 보았다.

05 예술에 대한 도덕주의의 입장으로 가장 적절한 것은?
기출
① 예술의 자율성을 보장해야 한다.
② 예술의 유일한 목적은 예술 자체에 있다.
③ 예술적 미(美)와 도덕적 선(善)은 별개의 것이다.
④ 예술은 인간의 올바른 품성을 가르는 데 도움을 주어야 한다.

05

예술에 대한 도덕주의의 입장에서 예술은 인간의 올바른 품성을 기르는 데 도움을 주어야 한다는 것으로 플라톤, 톨스토이 등이 대표적이다. 예술 지상주의(심미주의) 입장에서는 예술의 목적은 예술 그 자체와 미(美)에 있으며, 도덕적·사회적 효용성을 배제하며 예술의 자율성을 강조하였다.

06 다음과 관련 있는 현상은?
기출

> 팝아트의 거장 앤디 워홀은 콜라, 통조림처럼 일상적인 제품들과 마릴린 먼로, 마이클 잭슨 등의 대중 스타를 소재로 작품을 만들어 일상과 예술의 경계를 허물고, 일상의 모든 것이 예술이 될 수 있음을 보여 주었다.

① 예술의 상업화   ② 예술의 실용화
③ 예술의 현대화   ④ 예술의 전문화

06

예술의 상업화란 상품을 사고파는 행위로 이윤을 얻는 것처럼, 예술 작품을 대량으로 생산 또는 소비함으로써 예술을 상업적으로 이용하는 현상을 말한다. 앤디 워홀이 대표적이다.

ANSWER
04. ③ 05. ④ 06. ①

07 다음은 대중문화의 특징에 대한 설명이다. 가장 거리가 먼 것은?

① 대중 매체에 의한 대량 생산·대량 소비가 이루어진다.
② 이윤을 창출하는 상업성을 지녔다.
③ 올바른 품성을 기르고, 도덕적 교훈을 제공한다.
④ 대중이 예술을 향유하고 소비하는 주체가 된다.

07
③은 예술과 윤리의 상호 연관성과 관련하여 절대적 도덕주의에 대한 설명이다.

08 건전한 대중문화의 발전 방안으로 옳지 <u>않은</u> 것은?

① 건전하고 다양한 대중문화를 보급하기 위해 노력해야 한다.
② 대중문화를 주체적으로 선별하여 비판적으로 수용해야 한다.
③ 사회적 기구를 만들어 대중문화에 대한 자율적인 자정 노력을 해야 한다.
④ 방송법 등을 제정하여 대중문화 생산과 소비에 대한 검열과 통제를 해야 한다.

08
④ 대중문화에 대한 검열과 통제가 아니라 공적 책임을 부여해야 한다.

09 의복 문화와 관련하여 나타나는 윤리적 문제로 옳지 <u>않은</u> 것은?

① 사치 풍조를 조장한다.
② 계층 간의 위화감이 조성된다.
③ 유행을 창조하고 새로운 가치관을 형성한다.
④ 남에게 보여주기 식의 과시 소비가 조장된다.

09
③은 유행 추구 현상에 대한 긍정적 관점에 해당한다.

ANSWER
07. ③   08. ④   09. ③

10 다음 내용과 관련 있는 음식의 윤리적 의미는?

고난도

> 인간이 먹는 햄버거 하나를 만들기 위해서는 고기가 필요하고, 고기를 얻기 위해 소를 키우며, 소를 키우기 위해 숲을 태워 목초지를 만들고, 결국 사라진 숲은 지구의 온도를 높여 지구 곳곳에서 이상 기후 현상이 나타나고 있다.

① 인간은 음식 섭취를 통해 생명과 건강을 유지한다.
② 인간은 음식을 섭취하여 생활할 수 있는 에너지를 얻는다.
③ 정직하고 믿을 수 있는 음식의 생산은 도덕적 사회의 기본이 된다.
④ 인간은 대부분의 식재료를 자연에서 얻으므로 생태계와의 공존을 고려해야 한다.

10

제시문은 햄버거 하나를 만들기 위해 소를 사육하고 이를 위해 목초지를 만들면 자연이 파괴되고 환경 문제가 발생한다는 내용이다. 이와 가장 관련 있는 음식의 윤리적 의미는 ④이다.

11 다음은 음식과 관련된 윤리적 문제 내용이다. 사례의 연결이 옳지 <u>않은</u> 것은?

① 식품 안전성 문제 – 유전자 변형 농산물
② 환경 문제 – 화학 비료나 제초제 등의 남용
③ 동물 복지 문제 – 식량 수급 불균형
④ 음식 불평등 문제 – 국가 간 빈부 격차 심화

11

동물 복지 문제와 관련된 사례로는 육류 소비 증가, 대규모 공장식 사육과 도축 등이 해당되고, 식량 수급의 불균형은 음식 불평등 문제의 사례에 해당한다.

12 주거 문화와 관련된 윤리적 문제가 <u>아닌</u> 것은?

① 주거권의 침해
② 소원한 이웃 관계
③ 주거의 경제적 의미 퇴색
④ 도시 문제로 인한 생활의 질 저하

12

집의 경제적 가치와 주거의 편리성, 효율성만을 중시함으로써 삶의 터전이나 유대감, 소속감 형성이라는 주거의 본질적 의미는 퇴색되고 있다.

ANSWER
10. ④ 11. ③ 12. ③

13 다음 설명과 관련 있는 현대 소비문화는?

> • 다른 사람의 소비를 무조건 따라하는 것
> • 밴드왜건 효과 : 유행에 따라 상품을 구매하는 소비 현상

① 과소비

② 모방 소비

③ 대량 소비

④ 충동 소비

13

① 과소비 : 소득의 범위를 넘어서 과도하게 소비하는 것
③ 대량 소비 : 물질적 풍요와 여유를 기반으로 대량으로 소비하는 것
④ 충동 소비 : 계획 없이 즉흥적으로 소비하는 것

14 윤리적 소비에 대한 설명으로 옳은 것만을 〈보기〉에서 모두 고른 것은?

> ┌보기┐
> ㉠ 녹색 소비를 통해 환경 문제 해결에 기여한다.
> ㉡ 소비를 함에 있어서 경제적 측면에 초점을 둔다.
> ㉢ 제3세계의 노동자들의 인권을 고려하지 못한다.
> ㉣ 공정 무역 상품 구매를 통해 실천할 수 있다.

① ㉠, ㉡

② ㉠, ㉣

③ ㉡, ㉢

④ ㉢, ㉣

14

윤리적 소비란 소비를 함에 있어서 인권, 평화, 환경, 정의 등 인류의 보편적 가치를 고려하는 것으로, 재활용, 절약, 공정 무역 상품 구매, 친환경 상품 구매 등을 통해 실천할 수 있으며, 환경 문제 해결과 정의로운 경제 체제 구축, 인류의 인권 향상에 기여한다.
㉡, ㉢은 합리적 소비에 대한 설명이다.

15 (가)에 들어갈 용어로 가장 적절한 것은?
기출

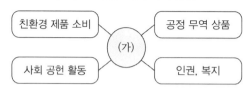

① 배타적 소비

② 윤리적 소비

③ 충동적 소비

④ 과시적 소비

15

윤리적 소비는 소비를 함에 있어서 인권, 평화, 환경, 정의 등 인류의 보편적 가치를 고려하는 것을 말한다.

ⒶⓃⓈⓌⒺⓇ
13. ② 14. ② 15. ②

16 다음 빈칸에 들어갈 윤리적 소비의 유형으로 가장 적절한 것은?

> 영국의 한 비정부 기구(NGO)에 따르면 우리가 여행에서 쓰는 돈 중 단 10%만 현지에 쓰일 뿐 대부분은 항공회사나 다국적 기업이 있는 선진국으로 돌아간다. 내가 한 잔의 (　　　　　　) 커피를 마실 때 나의 행복만이 아니라 그 커피콩을 생산한 농부의 행복까지 생각을 해야 하지 않을까.

① 공정 무역　　　　② 친환경 상품
③ 애니멀 프리 패션　④ 책임 여행

16
인권과 정의를 생각하는 윤리적 소비와 관련하여 대표적으로 공정 무역 상품 구매를 들 수 있다.
② 친환경 상품 : 동물 복지를 생각하는 소비
③, ④ 애니멀 프리 패션, 책임 여행 : 환경 보전을 생각하는 소비

17 문화의 다양성을 인정하고, 다른 사회의 문화를 그들의 환경과 역사적 · 사회적 상황에서 이해하려는 태도는?

① 문화 상대주의　　② 문화 사대주의
③ 문화 절대주의　　④ 자문화 중심주의

17
문화 상대주의는 문화의 다양성을 인정하고, 각 문화를 사회적 환경과 역사적 상황에 따라 이해해야 한다는 관점으로, 각 사회의 문화를 그 사회의 입장에서 객관적으로 이해하려는 태도이다.

18 바람직한 문화 정체성을 확립하기 위한 노력으로 적절하지 **않은** 것은?

① 문화 사대주의 확립
② 타문화를 주체적으로 수용
③ 전통문화를 창조적으로 계승
④ 여러 문화에 대한 견문을 넓힘

18
문화 사대주의는 다른 사회의 문화를 더 우월하다고 믿고, 그것을 무비판적으로 수용 · 동경하여 자신의 문화는 지나치게 과소평가하거나 무시하는 태도이다.

ANSWER
16. ① 　17. ① 　18. ①

19 다음 내용과 관련된 이론으로 가장 적절한 것은?

> • 이주민의 문화적 다양성을 인정하면서 주류 문화를 중심과 바탕에 두려는 입장
> • 이주민이 문화적 정체성을 유지하면서 공존할 수 있음
> • 주류 문화의 우위를 인정하여 비주류 문화와의 불평등이 발생함

① 용광로 이론
② 국수 대접 이론
③ 샐러드 그릇 이론
④ 모자이크 이론

19
국수 대접 이론이란 주류 문화는 국수와 국물처럼 중심 역할을 하며, 이주민의 문화는 색다른 맛을 더해 주는 고명이 되어 자신의 문화적 정체성을 유지하면서 공존한다는 이론을 말한다.

20 다음 대화에서 ㉠에 들어갈 내용으로 옳은 것은?
기출

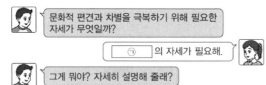

> 문화적 편견과 차별을 극복하기 위해 필요한 자세가 무엇일까?

> ㉠ 의 자세가 필요해.

> 그게 뭐야? 자세히 설명해 줄래?

> 타인의 생각이나 문화가 나와 다를지라도 너그럽게 이해하고 존중하는 태도를 말해.

① 관용
② 충동
③ 욕심
④ 절제

20
관용이란 서로의 차이와 다름을 인정하고 받아들이며 존중하는 것이다. 다문화에 대한 관용의 필요성은 문화적 차이로 인한 갈등을 예방할 수 있으며, 인간의 존엄성·인권 보호와 사회 통합과 발전에도 기여할 수 있다.

21 다음 빈칸에 들어갈 알맞은 말은?

> 다문화 사회의 확산과 함께 문화 간의 갈등과 사회적 차별이 발생하고 있다. 이를 해결하기 위해서는 서로의 차이와 다름을 인정하는 (   )의 정신을 실천하여 타 문화에 대한 편견을 극복하고 다양한 문화가 서로 조화롭게 공존할 수 있도록 노력해야 한다.

① 경쟁
② 관용
③ 검소
④ 쾌락

21
관용이란 서로의 차이와 다름을 인정하고 받아들이며 존중하는 것이다.

ANSWER
19. ② 20. ① 21. ②

22 다문화 정책 중 다문화주의에 대한 설명으로 옳은 것만을 〈보기〉에서 모두 고른 것은?

> **보기**
> ㉠ 소수 민족의 인권이 보장된다.
> ㉡ 사회 통합 및 질서 유지에 유리하다.
> ㉢ 문화의 고유성과 다양성을 훼손한다.
> ㉣ 사회 혼란과 문화 간 갈등이 발생할 수 있다.

① ㉠, ㉡   ② ㉠, ㉣
③ ㉡, ㉢   ④ ㉢, ㉣

23 다음 내용과 관련된 용어로 가장 적절한 것은?

> 군자는 다른 사람과 화합하되 동화되지는 않는다. … 군자는 천하의 일에 있어서 이것만이 옳다고 주장하거나 이것은 절대로 안 된다고 주장해서는 안 된다. 다만 의(義)에 따를 뿐이다.

① 동이불화(同而不和)   ② 화이부동(和而不同)
③ 무위자연(無爲自然)   ④ 존화양이(尊華攘夷)

24 종교 간의 갈등을 극복하기 위한 노력으로 적절하지 <u>않은</u> 것은?

① 대화와 협력   ② 이해와 존중
③ 배타적인 태도   ④ 관용적인 태도

25 기출 갑, 을이 공통으로 지향하는 가치로 적절하지 <u>않은</u> 것은?

사회마다 문화가 다를 수 있다는 것을 인정하고, 열린 마음으로 존중하는 태도를 가져야 해.

갑

인간의 존엄성이라는 보편적 가치를 바탕으로 인종, 국가의 구별을 넘어서 관용과 협력의 태도를 가져야 해.

을

① 배타성　　　② 포용성

③ 다양성　　　④ 개방성

25

갑과 을의 대화는 다문화 사회와 관련된다. 다문화 사회의 윤리와 관련한 특징으로는 보편성, 다양성, 특수성, 상대성을 들 수 있다.

---

26 기출 ㉠에 들어갈 용어로 적절한 것은?

〈　㉠　〉

• 보편적 행위의 도덕 원리
• 역지사지(易地思之)의 자세
• "네가 남에게 바라는 대로 남에게 해 주어라."

① 황금률　　　② 변증법

③ 이분법　　　④ 유물론

26

황금률은 인간관계와 관련하여 성서에 나오는 교훈으로, 보편적인 행위의 도덕 법칙을 지켜야 함을 강조한다.
② 변증법 : 문답에 의해 진리에 도달하는 방법
④ 유물론 : 만물의 근원을 물질로 보고, 모든 정신 현상도 물질의 작용이나 그 산물이라고 주장

---

27 기출 종교 간 갈등을 줄이기 위한 태도와 거리가 <u>먼</u> 것은?

① 종교의 자유를 인정한다.

② 다른 종교를 비하하지 않는다.

③ 자신의 종교만이 옳다고 고집한다.

④ 종교 간 대화를 통해 다른 종교를 이해한다.

27

종교 간 갈등을 줄이기 위한 노력으로 종교의 자유를 인정하고, 다른 종교에 대한 관심과 이해를 통한 관용의 정신을 가져야 하며, 종교에 공통으로 내재되어 있는 사랑, 자비, 평등, 평화 등의 가치를 실현하고자 노력해야 한다.

ANSWER

25. ①　**26.** ①　**27.** ③

28 다음과 관련 있는 인간의 특성은?

> 인간은 삶의 유한성과 불완전성을 깨닫고 영원한 삶에 대해 동경하며, 초월적인 대상에 대한 믿음을 통해 마음의 평화와 행복을 추구하려고 한다.

① 예술적 존재로서의 인간
② 교육적 존재로서의 인간
③ 도덕적 존재로서의 인간
④ 종교적 존재로서의 인간

28
종교적 존재로서의 인간에 대한 내용이다. 모든 인간은 삶의 궁극적인 의미를 발견하고자 하는 종교적 지향성을 지닌다.

29 다음 사례에 나타난 대표적인 갈등은?

고난도

> 인도 반도는 영국이 인도에서 철수할 때 인도와 파키스탄으로 분리 독립되었다. 이때 카슈미르 지역은 주민의 대부분이 이슬람교도이기 때문에 파키스탄(이슬람교)으로 귀속되기를 바랐지만, 힌두교였던 지도자는 카슈미르를 인도로 편입하였다. 이후 카슈미르는 국제 연합의 휴전 선언으로 파키스탄령 카슈미르와 인도령 카슈미르로 분할되었고, 이들은 지금까지도 독립 또는 파키스탄으로의 편입을 주장하고 있다.

① 종교 간의 갈등
② 종교와 과학의 갈등
③ 종교와 윤리의 갈등
④ 인종차별로 인한 갈등

29
제시된 사례는 카슈미르 지방의 분쟁으로, 이 분쟁은 힌두교(인도)와 이슬람교(파키스탄) 간의 대표적인 종교 갈등이다.

ANSWER
28. ④ **29.** ①

NOTE

CHAPTER
06

평화와 공존의 윤리

평화와 공존의 윤리

1. 사회 갈등의 원인과 유형, 사회 통합의 노력을 확인하고, 동·서양의 소통과 담론의 윤리 특히, 하버마스의 담론 윤리를 파악한다.
2. 통일에 대한 쟁점과 분단 비용과 통일 비용 문제를 이해하고, 통일을 위한 노력 등을 확인한다.
3. 국제 분쟁의 원인, 국제 관계의 관점 등을 파악하고, 국제 평화와 국제 정의의 실현, 해외 원조에 대한 내용 등을 확인한다.

01 갈등 해결과 소통의 윤리

1 사회 갈등과 사회 통합

(1) 사회 갈등의 원인과 유형 중요⁺

① 원인

㉠ 생각이나 가치관의 차이 : 사회 현상이나 문제에 대한 자신의 생각이나 가치관의 차이로 인하여 대립과 갈등이 발생한다.

㉡ 이해관계의 대립 : 한정된 사회적 자원에 대한 이해관계의 대립, 불공정한 분배로 인한 충돌로 갈등이 심화된다.

㉢ 소통의 부재 문제 : 사회적 쟁점에 대한 의사소통의 부족, 한 쪽에게만 유리한 결론을 내릴 경우 등에 갈등이 생겨난다.

> **잠깐**
> **핌피(PIMFY)와 님비(NIMBY) 현상**
> • 핌피(PIMFY) 현상 : 자기 지역 경제 활성화에 도움이 되는 시설 유치를 찬성
> • 님비(NIMBY) 현상 : 자기 지역에 혐오 시설 건설을 반대하는 것

② 유형

지역 갈등	지역 개발의 이해관계, 지역감정, 연고주의, 지역 이기주의 등 예 공공시설의 유치 및 배제(핌피 현상, 님비 현상 발생), 영남과 호남 간 갈등
세대 갈등	연령별, 시대별 경험의 차이로 인한 세대 간의 보편적 갈등 예 일자리, 노인 부양 문제를 둘러싼 갈등
이념 갈등	이상적으로 여기는 생각이나 견해 차이로 발생하는 갈등 예 진보와 보수의 갈등
계층 갈등	소득 불평등 심화에 따른 계층 간의 사회적 자원 불공정 분배의 갈등 예 경제적 자원 분배의 갈등
노사 갈등	기업가의 생산 효율성 극대화와 노동자의 임금·복지 개선 요구의 갈등 예 구조 조정과 비정규직 확대의 갈등

③ 사회 갈등의 기능

　　㉠ 긍정적 기능 : 우리 사회에 내재된 문제를 인식할 수 있으며, 문제 해결을 위한 노력을 통하여 사회 발전의 계기가 된다.

　　㉡ 부정적 기능 : 갈등 해결을 위한 사회적 비용이 발생할 수 있으며, 갈등이 너무 깊어지면 사회의 해체나 파괴를 가져올 수 있다.

(2) 사회 통합의 의미와 필요성

① 의미 : 개인이나 집단이 상호 작용을 통해 하나로 통합되는 과정으로, 한 사회가 공동의 목표를 향해 조화롭게 결속된 상태이다.

② 필요성

　　㉠ 사회 공동체 안에서 개인의 행복한 삶을 실현하기 위함이다.

　　㉡ 사회적 역량의 결집을 통하여 사회 발전과 국가 경쟁력을 강화하기 위함이다.

③ 사회 윤리의 기본 원리 　중요＋

　　㉠ 연대성 : 인간은 사회의 일부로서 서로 긴밀하게 연결되어 있으므로 사회 구성원 간에 연대 의식이 필요하다.

　　㉡ 공익성 : 사회 구성원은 자신의 이익뿐만 아니라 공익을 존중할 때 인간 존엄성을 보장받을 수 있다. 재화, 노동, 재산의 재분배가 반드시 필요하다. → 사익(私益)만을 지나치게 추구하면 '공유지의 비극'이 발생할 수 있음

> **공유지의 비극**　　　　　▼　검색
>
> 소유자가 명확하지 않고 모두가 제한 없이 사용할 수 있는 공유지를 사람들이 더 많이 사용하려고 하다 보면 결국 고갈되어 아무도 사용할 수 없게 되는 현상이다.

　　㉢ 보조성 : 개인이나 소규모 공동체가 자신들의 기능을 하지 못할 경우에만 국가가 보조적(보충적·응급적)으로 국민을 도와야 한다.

(3) 사회 통합을 위한 노력

① 주체적 역할

　　㉠ 개인

　　　　ⓐ 개인의 이익과 공동선이 조화를 이룰 수 있어야 한다.

　　　　ⓑ 서로의 다름을 포용하는 열린 자세를 갖도록 해야 한다.

　　㉡ 시민 사회

　　　　ⓐ 집단 간 상호 존중과 소통으로 신뢰를 형성하도록 한다.

　　　　ⓑ 갈등 해결을 위한 국가의 노력을 지지하거나 조정해야 한다.

ⓒ 국가

    ⓐ 국민의 의견을 수렴하고 민주적인 절차를 마련하도록 한다.

    ⓑ 사회적 분열이 구조적으로 심화되지 않도록 해야 한다.

② 내용별 분류

의식적 차원	• 대화와 토론을 통해 의사를 결정하는 성숙한 시민의 자세 • 다양성의 인정, 관용과 역지사지의 자세가 필요함

제도적 차원	• 이해 당사자가 정책 결정 과정에 참여하는 제도와 정책 마련
	  ^예 공청회, 설명회 등
	• 불평등과 격차 완화 정책, 공정하고 투명한 분배 절차 등 마련
	  ^예 지역 균형 발전, 복지 정책, 여성 할당제, 장애인 의무 고용 제도 등

③ 사례

  ㉠ 1997년 금 모으기 운동 : 우리나라가 외환위기로 인하여 경제적 어려움에 처하자 국민들이 외채를 갚기 위해 자발적으로 '금 모으기 운동'에 참여하였다.

  ㉡ 태안 앞바다 기름 제거 작업 : 2007년 충청남도 태안군 앞바다에서 충돌한 유조선의 원유가 유출되어 해양 오염이 발생하자 전국의 많은 자원봉사자들이 자발적으로 참여하여 정부와 힘을 합쳐 기름 제거 작업을 하였다.

심화학습 집단 이기주의로 인한 갈등

1) 님비(NIMBY) 현상 : 쓰레기 매립장, 분뇨 처리장, 하수 처리장, 화장장, 교도소 등과 같이 공익을 위해 반드시 필요한 시설이라고 하더라도 내가 사는 지역에 들어오는 것은 반대하는 것

2) 핌피(PIMFY) 현상 : 교육·문화 시설, 대단위 연구 시설, 정부 청사, 백화점, 지하철역, 근린시설 등과 같이 삶에 긍정적인 영향을 미칠 것으로 예상되는 시설들은 내가 사는 지역에 적극 유치하려는 현상

3) 바나나(BANANA) 현상 : 각종 환경오염 시설을 '어디에든 아무 것도 짓지 마라.'라는 의미로, 원자력 발전소나 댐과 같은 유해시설의 설치 자체를 반대하는 것

알아두면 점수따는 이야기   사회 통합과 관련된 내용

• 구동존이(求同存異) : 차이점을 인정하면서 같은 점을 추구한다.

• 해불양수(海不讓水) : 바다는 어떠한 물도 마다하지 않고 받아들여 거대한 대양을 이룬다.

• 공자의 화이부동(和而不同) : 군자는 다른 사람들과 평화롭게 지낸다. 하지만 그들과 동화되어 같아지지는 않는다.

• 원효의 일심(一心) 사상 : 중생(衆生)을 대상으로 하는 다양한 교리와 사상은 모두 부처의 가르침이며, 모두 깨달음이라는 점에서 한마음이다.

• 스토아학파의 세계 시민주의 : 인간의 본질은 이성이며, 모든 인간은 이성을 지니므로 평등하다. 따라서 자기와 다른 것을 있는 그대로 인정하고 자신과 동등하게 대우하는 태도는 갈등을 극복하고 화해와 평화를 실현하도록 돕는다.

2 소통과 담론의 윤리

(1) 소통과 담론의 의미

① 소통의 의미

  ㉠ 막히지 않고 잘 통한다는 의미로서, 나와 상대방이 서로 의견을 주고받는 공유의 과정이다. → 진정한 소통을 위해서는 대화와 공감이 필요

  ㉡ 소통을 통해 이루어진 합의는 도덕적 정당성과 설득력을 가진다.

② 담론의 의미

  ㉠ 갈등이나 문제를 해결하기 위한 이성적 의사소통 행위로서, 주로 토론 형태로 이루어진다.

  ㉡ 담론은 현실에서 전개되는 각종 사건과 행위를 해석하고 인식하는 틀을 제공한다. 또한, 사회 구성원은 그 틀을 토대로 현실을 바라보고 재구성하게 된다.

(2) 소통과 담론의 필요성

① 사회 구성원의 적극적이고 자발적인 참여를 이끌어 낼 수 있다.

② 대화를 통해 의미를 공유하고, 정서적으로 공감할 수 있다.

③ 소통으로 도덕적 권위를 갖춘 합의를 도출할 수 있다.

  → 소통을 통해 이루어진 합의는 도덕적 정당성과 설득력을 가짐

(3) 동 · 서양의 소통과 담론의 윤리 `중요⁺`

① 공자 : '화이부동(和而不同)'을 통해 조화를 강조 → "남과 화목하게 지내지만, 자기중심을 잃지 않는다."

② 맹자 : 진실한 마음에서 우러나온 바른말을 강조 → 소통을 방해하는 그릇된 언사를 네 가지 피사, 음사, 사사, 둔사로 제시하였다.

소통을 방해하는 그릇된 언사 ▼	검색
• 피사(詖辭) : 한 쪽으로 치우쳐 공정하지 못하고 편파적인 말
• 음사(淫辭) : 음란하고 방탕한 말
• 사사(邪辭) : 간교하게 속이는 말
• 둔사(遁辭) : 스스로 이론이 궁색하여 회피하려고 꾸며서 하는 말

③ 장자 : 차이에 대한 인정과 상호 의존 관계를 강조 → "삶이 있기에 죽음이 있으며 옳음이 있기에 그름이 있다. 옳고 그름을 도(道)의 입장에서는 서로 다른 것이 아니라 똑같은 것이다."

④ 원효 : '화쟁 사상'을 강조 → "모든 종파와 사상을 분리시켜 고집하지 말고, 더 높은 차원에서 하나로 통합해야 한다."

⑤ 밀 : 토론의 중요성 강조하였다. → '인간은 잘못 판단하고 잘못 행동할 수 있는 존재'로 전제하고, 오류 가능성을 검증하는 토론을 강조

⑥ 아펠

    ㉠ '인격의 상호 인정'이 진정한 소통을 위한 기본 전제임을 강조하였다.

    ㉡ 의사소통 공동체 구성원들의 담론에 참여할 책임과 의사소통 공동체를 유지해야 할 책임을 강조하였다.

⑦ 하버마스 **중요⁺**

    ㉠ 누구나 자유롭게 소통에 참여할 자격이 있음을 강조하였다.

    ㉡ 담론 윤리를 강조하고, 서로 이해하고 합의하는 과정을 중시하였다.

        → 제안된 주장이 보편적으로 타당해야 하며, 대화에 참여한 모든 사람이 동의하여 합의에 도달한 경우 담론의 합리성이 인정됨

    ㉢ 의사소통의 합리성을 실현하기 위해 '이상적 담화 조건'을 제시하였다.

진리성	담화 내용이 참이며, 진리에 바탕을 두어야 함
정당성	정당한 규범에 따르며 논쟁 절차를 준수해야 함
진실성	속이려는 의도 없이 진실하게 표현해야 함
이해 가능성	서로 이해할 수 있어야 함

    ㉣ 사회 통합의 가능성을 공론장에서 찾았다.

(4) 바람직한 소통과 담론의 자세

① 소통과 담론에 참여하는 자들의 권리를 인정하고 의견을 존중해야 한다.

② 편견과 독선적 사고에서 벗어나야 한다. → **관용의 태도를 가져야 함**

③ 이성적 대화와 합리적 설득에 의한 합의 내용의 결과에 대해서는 연대 책임을 져야 한다.

    → 심의 민주주의 실현

> **심의 민주주의** ▼ 검색
>
> 사회적 쟁점에 관해 시민이 공직자, 전문가들과 공적 심의를 진행하고 합의를 이끌어 내는 정책 결정 방식

알아두면 점수따는 이야기   하버마스가 제시한 담론의 보편화 원칙

모든 타당한 규범은 다음의 조건을 충족해야 한다. 모든 개인의 이해를 만족하기 위해서 그 규범을 일반적으로 따를 때 발생할 수 있는 결과와 부작용을 모든 당사자가 수락할 수 있어야 한다. 그리고 이미 알고 있는 대안적 조절 가능성의 효과보다 결과와 부작용을 고려해야 한다. …… 어떤 준칙이 일반 법칙이 되기를 바란다면 다른 사람들에게 이 준칙의 타당성을 규정적으로 명령하거나 강제하지 말아야 한다. 대신 나의 준칙이 보편화 가능한지 논의하여 검토할 수 있도록 다른 사람에게 제시해야 한다. 개인이 모순 없이 일반 법칙으로 원할 수 있는 것부터 모든 사람이 일치하여 보편적 규범으로 승인하기를 원하는 것으로 무게 중심을 이행한다.　　　 — 하버마스, 『도덕의식과 소통적 행위』

02 민족 통합의 윤리

1 통일 문제를 둘러싼 쟁점

(1) 통일에 대한 입장

① 찬성과 반대 입장의 차이

찬성 입장	반대 입장
• 이산가족과 실향민의 고통 해소 • 전쟁의 공포 해소와 한반도 평화 정착 • 경제적 번영과 국제적 위상 강화 • 민족의 동질성 회복과 민족 공동체 실현 • 분단 비용 해소와 통일 편익 향유	• 오랜 분단으로 인한 이질화 심화 • 통일보다는 평화와 공존을 우선 • 막대한 통일 비용과 조세 부담 증가 • 통합 과정에서의 갈등과 혼란 발생

② 통일의 필요성

ㄱ 개인적 차원 : 분단의 고통과 아픔 해소, 자유와 평화, 풍요로운 삶을 향유할 수 있다.

ㄴ 국가적 차원 : 전쟁 위협의 소멸과 국가 역량 낭비 제거, 경제 규모 확대와 국가적 위상이 강화될 수 있다.

ㄷ 민족적 차원 : 민족의 동질성과 정체성 회복, 민족 공동체 구현과 민족 문화의 발전이 이루어질 수 있다.

ㄹ 국제적 차원 : 한반도의 평화 정착으로 동북아시아와 세계 평화에 기여할 수 있다.

(2) 분단 비용과 통일 비용 문제 중요⁺

① 분단 비용, 통일 비용, 평화 비용

분단 비용	• 의미 : 남북 분단과 갈등으로 인해 지출되는 유·무형의 모든 비용 • 경제적 비용 : 국방비, 외교비, 물류비 등 • 비경제적 비용 : 이산가족의 고통, 이념적 대립과 갈등, 전쟁의 위협과 공포 등	소모성 비용 (지속적으로 소모)
통일 비용	• 의미 : 통일 이후 남북한의 격차 해소와 통합 과정에서 필요한 비용 • 제도 통합 비용 : 정치·행정·금융·화폐 통합 비용 등 • 위기관리 비용 : 치안, 구호, 실업 문제 처리 비용 등 • 경제적 투자 비용 : 생산 시설, 기반 구축 비용 등	투자 비용 (초기 비용은 크지만 일정 기간 이 지나면 감소)
평화 비용	• 의미 : 현재 한반도의 평화를 유지하고, 정착을 위해 필요한 비용 • 남북 교류 비용, 남북 경제 협력 비용 등	

② 통일 편익

　㉠ 의미 : 통일로 얻을 수 있게 되는 경제적·비경제적 보상과 혜택

　㉡ 종류

경제적 편익	분단 비용 해소, 국토의 효율적 이용, 시장과 생산 경쟁력 확대
비경제적 편익	이산가족 문제 해결, 전쟁 위험 해소, 국제적으로 국가적 위상 강화

　㉢ 의의 : 통일 편익은 통일 이후 지속적으로 발생하기 때문에 한시적으로 발생하는 통일 비용보다 더 크다고 볼 수 있다.

(3) 북한 인권 문제

① 북한의 인권 실태

　㉠ 주민의 정치 참여를 제한하고, 개인의 자율성과 선택권을 제한한다.

　㉡ 기본적인 의식주를 제공받지 못하여 생존권이 위협을 받고 있다.

　㉢ 출신 성분에 따라 계층을 분류하여 기회의 불평등과 법적 차별에서 차이를 두고 있다.

> **잠깐**
> **출신 성분**
> 북한의 주민 분류 기준으로 '핵심 계층, 동요 계층, 적대 계층'의 3대 계층에 51개 분류로 나누어 의식주 배급, 직업 배치, 법적 처벌, 사회 이동 등에서 달리 대우하고 있다.

　㉣ 정치범 수용소의 정치범, 송환된 북한 이탈 주민에 대한 반인권 행위가 이루어지고 있다.

② 북한 인권 문제에 대한 찬반 입장

　㉠ 찬성 : 인권의 보편적 원칙에 따라 우리와 국제 사회의 노력이 필요하다.

　㉡ 반대 : 북한의 인권 문제에 대한 개입은 내정 간섭 행위에 해당한다.

(4) 대북 지원 문제

① 대북 지원의 의미와 내용

　㉠ 의미 : 인도적 차원에서 북한 주민들의 현실적 어려운 상황을 개선하기 위한 다양한 지원

　㉡ 내용 : 식량난 해소를 위한 농업 개발 지원, 이재민 구호와 피해 복구 지원, 영양 결핍 아동과 노약자 지원, 보건 위생 상태 개선 등이 있다.

② 대북 지원 방식에 대한 입장

　㉠ 인도주의 입장 : 남북한의 정치·군사적 상황과는 무관하게 지원이 이루어져야 한다.

　㉡ 상호주의 입장 : 북한에 대해 변화를 요구하면서 지원을 해야 한다.

(5) 바람직한 통일 방법 중요[+]

① 평화적 방법을 통한 점진적·단계적 통일

ⓐ 남북한은 지속적인 교류와 협력을 통하여 통일을 위한 노력을 해야 한다.

ⓑ 경제, 사회, 문화 등 쉬운 영역에서부터 시작해 정치, 군사 제도 등 어려운 영역의 통합을 추진한다.

② 국민적 이해와 합의에 기초한 민주적 통일

ⓐ 정치 지도자들의 정치적 결단, 무력에 의한 통일이 아닌 국민적 이해와 합의에 의한 통일을 지향해야 한다.

ⓑ 민주적 절차에 따른 통일에 대한 논의로 국민의 공감대가 형성되어야 한다.

③ 주변국의 통일 협력과 통일에 대한 지지

ⓐ 국제 사회와의 긴밀한 협력을 통하여 통일에 대한 우호적 환경을 조성한다.

ⓑ 한반도의 통일에 대해 국제 사회로부터 지지를 얻어야 한다.

> **바로바로 CHECK√**
>
> 다음 중 바람직한 통일의 방법과 거리가 먼 것은?
>
> ❶ 급진적 통일   ② 민주적 통일
> ③ 평화적 통일   ④ 단계적 통일

2 통일이 지향해야 할 가치

(1) 독일 통일의 과정과 교훈

① 독일 통일 과정 : 1949년 동·서독의 분단 → 1961년 베를린 장벽 설치 → 1969년 서독이 '동방정책' 추진(교류·협력) → 1989년 베를린 장벽 붕괴 → 1990년 독일 통일

② 독일 통일의 교훈

ⓐ 동서독 간 활발한 교류와 협력을 통하여 통일에 대한 준비를 하였다.

→ 다양한 문화 교류, 동독에 대한 서독의 경제적 지원 등

ⓑ 통일 이후 동서독 주민 간 내면적·정신적 통합을 위한 노력을 하였다.

→ 이질적인 가치관, 행동 양식, 습관 등이 하나가 되도록 함

(2) 남북한의 화해와 통일을 위한 노력

① 개인적 차원

ⓐ 통일에 대한 관심 : 통일은 언제든지 현실로 다가올 수 있다는 것을 인식해야 한다.

ⓑ 소통과 배려 : 통합 과정에서 발생할 수 있는 갈등에 대해 열린 마음으로 이해하고자 노력해야 한다.

ⓒ 공존의 노력 : 남북한의 차이를 인정하면서 동질성을 느낄 수 있도록 한다.

ⓔ 북한에 대한 올바른 인식 : 북한은 군사·안보적 측면에서 경계의 대상이지만, 북한 주민은 동반자이자 동포라는 점을 인식해야 한다.

② 국가적 차원

ⓐ 안보에 기반을 둔 남북 간 신뢰 형성 : 북한의 위협에 대비한 안보 기반을 구축하고, 교류와 협력으로 서로에 대한 신뢰를 쌓아야 한다.

→ 이산가족 상봉, 문화·예술·스포츠 교류, 대북 지원과 구호 실시 등

ⓑ 통일을 위한 체계적 준비 : 통일에 대한 국민적 이해와 합의를 도출하고, 남남 갈등 해결 노력 등 장기적이고 계획적인 준비가 필요하다.

남남 갈등	▾	검색
남북 관계와 관련하여 남한 내부에서 일어나는 이념적 갈등		

(3) 통일 한국이 지향해야 할 가치와 미래상

① 지향해야 할 보편적 가치 중요+

평화	한반도의 평화 정착 유지와 국제 사회의 안정, 세계 평화 유지에 기여
인권	모든 사람의 존엄과 가치를 인정하고, 존중하는 인권 국가를 지향
자유	자신의 신념과 선택에 자유로운 삶을 보장하는 자유 민주 국가를 지향
정의	국민 모두가 차별 없이 공정하고, 합당한 대우를 받는 정의가 실현되는 국가를 지향

② 통일 한국의 미래상

ⓐ 인간의 존엄성, 자유, 평등, 인권 등 기본적인 권리가 보장되는 자유로운 민주 국가를 이룬다.

ⓑ 법과 제도가 누구에게나 공정하고, 국민의 복지증진과 행복을 추구하는 정의로운 복지 국가를 이룬다.

ⓒ 국제 사회를 선도하고, 우리 민족의 국제적 위상을 높인 자주적인 민족 국가로서의 위치를 갖는다.

ⓔ 열린 민족주의를 바탕으로 전통문화를 계승하고, 다양한 문화와의 조화를 통하여 수준 높은 문화 국가를 이룬다.

열린 민족주의	▾	검색
자기 민족의 주체성을 유지하면서 다른 민족의 문화와 삶의 양식을 포용하는 민족주의		

03 지구촌 평화의 윤리

1 국제 분쟁의 해결과 평화

(1) 국제 분쟁의 원인과 윤리적 문제

① 국제 분쟁의 원인과 사례

   ⊙ 원인 : 인종·민족 간의 갈등, 영역과 자원을 둘러싼 갈등, 문화적 차이에 따른 갈등 등으로 다양하다.

   ⓒ 사례

영토 분쟁	중국과 인도의 국경 분쟁
종교 분쟁	이스라엘과 팔레스타인 간의 분쟁, 카슈미르 분쟁
자원 분쟁	북극해 자원 분쟁, 중국과 일본의 영유권 분쟁
민족 분쟁	보스니아 민족 분쟁

② 국제 분쟁에 대한 견해

   ⊙ 헌팅턴의 '문명의 충돌' : 문명 간의 충돌로 인해 발생하는 단층선 분쟁이다.

     → 문명의 조화에 근거하여 국제 질서의 구축을 통해 갈등 극복

   ⓒ 뮐러의 '문명의 공존' : 헌팅턴의 주장 비판, 문명권 간의 평화와 공존이 가능하다. → 대화를 통한 세계 공동체의 평화 성립이 가능

③ 국제 분쟁의 윤리적 문제 : 인간의 존엄성과 정의 훼손, 국제 평화를 위협

> **바로 바로 CHECK√**
>
> 헌팅턴이 제시한 단층선 분쟁 예방을 위한 원칙에 해당하지 <u>않는</u> 것은?
>
> ① 자제의 원칙   ② 중재의 원칙
> ❸ 개입의 원칙   ④ 동질성의 원칙

(2) 국제 분쟁 해결에 대한 관점   중요⁺

현실주의	• 인간은 이기적인 존재이며, 국가는 힘의 논리에 의해 자국의 이익만을 추구한다. → 이익 추구 정책으로 분쟁 발생 • 국가 간의 갈등 해결은 세력 균형을 통해서 가능 • 한계 : 국가 간의 협력 관계를 설명하지 못하고, 세력 균형이 이루어지지 않을 수도 있음 • 대표적 사상가 : 모겐소 → "국제 정치는 국가 이익의 관점에서 정의된 권력을 위한 투쟁이다."

이상주의	• 인간은 이성적 존재이며, 평화는 이성적 대화와 협력을 바탕으로 도덕·여론·법률·제도를 통해 만들어 질 수 있다. → 상대방에 대한 무지나 오해, 잘못된 제도로 분쟁 발생 • 국제사회의 다양한 행위 주체(국가, 국제기구, 국제 비정부 기구 등)들의 능동적인 노력을 강조 • 한계 : 현실과 낙관적인 측면에서 분쟁 해결과는 서로 동떨어져 있음 • 대표적 사상가 : 칸트 → '영구 평화론'을 제시
구성주의	• 자국과 상대국과의 관계 정립과 상호 작용에 따라 국익이 좌우된다. → 자국과 상대국 간의 긍정적인 상호 작용을 통해 분쟁을 해결 • 대표적 사상가 : 웬트 → "국제 관계는 국가 간 상호 작용을 통해서 구성된다."

(3) 국제 평화의 실현   중요⁺

① 칸트의 영구 평화론

㉠ 각국이 평화 유지를 위해 국제법을 따르는 '평화 연맹'의 구성을 주장 → 국제 연맹, 국제 연합 결성에 영향

㉡ 평화를 실현하는 방안으로 '환대권'을 강조함

> **환대권** ▾ [검색]
> 이방인이 낯선 땅을 방문했을 때 평화적으로 행동하는 경우, 적으로 간주되지 않을 권리이자 존중받는 권리

② 갈퉁의 적극적 평화론

㉠ 평화를 소극적 평화와 적극적 평화로 구분하였다.

소극적 평화	전쟁, 테러, 범죄, 폭행과 같은 물리적·직접적 폭력이 없는 상태를 말함 → 전쟁이 없는 상태, '국가 안보'의 개념
적극적 평화	물리적·직접적 폭력뿐만 아니라 빈곤, 기아, 종교적 차별과 같은 구조적 폭력과 문화적 폭력까지 완전히 제거되어 인간다운 삶을 영위할 수 있는 상태를 말함 → '인간 안보'의 의미

㉡ 인간 존엄성, 삶의 질을 중시하는 적극적 평화의 실현을 강조

→ 평화의 개념을 국가 안보의 차원에서 '인간 안보'의 차원으로 확장하였다.

③ 국제 평화의 실현을 위한 노력

㉠ 개인적 차원 : 상호 존중과 관용의 자세를 갖도록 한다.

→ 묵자의 겸애(兼愛) 사상 : '자국을 사랑하듯이 타국을 사랑하라.'

ⓛ 국가적 차원

ⓐ 반인도적 범죄에 대한 처벌을 강화한다.

→ 국제형사재판소 기능 강화

ⓑ 분쟁의 중재 노력과 실천을 한다.

→ 국제 사법 재판소, 국제 해양법 재판소 등을 통한 화해와 중재 실천

ⓒ 분쟁에 적극적 개입과 해결을 위한 노력을 전개한다. → 국제연합 평화 유지군의 활동 전개

> **참깐**
>
> **국제 사법 재판소와 국제 해양법 재판소**
> • 국제 사법 재판소 : 국제법을 통한 국가 간 분쟁의 해결을 목적으로 설립된 기관
> • 국제 해양법 재판소 : 대륙붕 경계, 어업권, 해양 환경 보호, 배타적 경제 수역 등의 해양 관련 분쟁을 중재

심화학습 헌팅턴 – 단층선 분쟁 예방을 위한 원칙

1) 자제의 원칙 : 다른 문명의 분쟁에 개입하지 않아야 한다.

2) 중재의 원칙 : 상이한 문명에 속한 집단이나 국가 간의 단층선 분쟁을 억제시키거나 종식시키기 위해 타협하게 한다.

3) 동질성의 원칙 : 한 문명에 속한 인간은 다른 문명에 속한 사람들과 공유하는 가치관, 제도, 관행을 확대해 나가야 한다.

2 국제 사회에 대한 책임과 기여

(1) 세계화의 의미와 영향

① 등장 배경 : 교통, 정보·통신 기술의 발달로 전 세계가 하나의 생활권으로 연결되어 교류가 증대되었다.

알아두면 점수따는 이야기 국가 간의 영구 평화를 위한 확정 조항

제1항 모든 국가의 시민적 정치 체제는 국가 구성원이 자유롭고 평등하며 공통의 법을 따를 수 있는 공화 정체이어야 한다.

제2항 국제법은 자유로운 국가들의 연방 체제에 기초해야 한다.

제3항 국가 간 평등한 관계에 기반을 둔 세계 시민법은 보편적 우호의 조건들에 국한되어야 한다.

– 칸트, 『영구 평화론』

② 의미 : 국가 간에 정치·경제·문화 등 전 영역에서 교류가 활발하고 자유롭게 이루어지는 것으로, 지구촌의 실현을 목표로 세계 통합을 지향하고 인류 공동 번영을 도모한다.

③ 영향

긍정적	부정적
• 다양한 지구촌 문제를 세계 공동 대처 • 세계 시장의 통합으로 경제적 효율성 증가 • 다양한 문화의 공존과 문화 수준의 향상	• 주권 국가로서의 기능이 약화 • 자본의 논리에 따른 경제 의존도 심화 • 문화의 상업화·획일화 현상 발생

④ 세계화와 지역화의 조화

㉠ 세계화와 지역화는 상호 보완적 관계에 있으며, 진정한 의미의 세계화는 지역화의 토대 위에서 가능하다.

> 지역화(localization)   검색
>
> 특정 지역에 거주하는 주민들의 활동이 다른 지역과는 차별되는 그 지역만의 고유한 전통이나 특성을 살려 지역의 고유성 보존 및 지역의 발전을 추구하는 것

㉡ 세계와 지역이 함께 공존하고 번영하고 발전할 수 있도록 세계화와 지역화의 조화가 필요하다.

→ 글로컬리즘(Glocalism) : '지역적인 것과 세계적인 것을 창조적으로 결합'

(2) 국제 정의와 국가 간 빈부 격차의 윤리적 문제

① 국제 정의의 필요성과 종류 중요⁺

㉠ 필요성 : 반인도주의적 범죄와 세계 빈곤 문제 등의 지구촌 문제를 해결하고, 전 세계 사람들이 깨끗한 환경에서 인권을 보장받으며 인간답게 살 수 있도록 하기 위해 국제 정의가 실현되어야 한다.

㉡ 종류

형사적 정의 (법적 정의)	• 의미 : 범죄자를 법에 따라 정당하게 처벌함으로써 실현되는 정의 • 사례 : 전쟁이나 테러, 인신매매, 납치 등 반인도주의적 범죄 • 해결 노력 : 국제 형사 재판소, 국제 형사 경찰 기구 등
분배적 정의 (사회 정의)	• 의미 : 가치나 재화의 공정한 분배를 통해 실현되는 정의 • 사례 : 국가 간 빈부 격차(남북문제), 절대 빈곤 등 • 해결 노력 : 공적 개발 원조, 기부, 기술 협력 제공 등

② 국가 간 빈부 격차의 윤리적 문제

㉠ 절대 빈곤으로 고통 받는 사람들은 인간다운 삶을 살기가 어려운 상태에 놓여 있다.

> 공적 개발 원조   검색
>
> 선진국 정부 또는 공공 기관이 개발도상국에 자금을 지원하거나 기술 원조를 하는 것

ⓒ 선진국과 개발도상국 사이의 경제적 격차인 남북문제와 같은 지구촌 분배 정의의 문제가 발생하고 있다.

(3) 해외 원조에 대한 관점 중요⁺

① 의무의 관점 : 어려운 이웃을 돕는 것은 당연하고도 자연스러운 '윤리적 의무'이다.
  → 싱어, 롤스

싱어 (Singer, P.)	• 공리주의 입장에서 가난한 사람들의 고통을 줄여주고 인류의 이익을 증진시키기 위해 원조하는 것은 윤리적 의무 • 이익 평등 고려의 원칙에 따라 누구나 차별 없이 도움을 받아야 하며 지구적 차원의 분배가 이루어져야 함을 주장
롤스 (Rawls, J.)	• 해외 원조는 정의 실현을 위한 의무임을 강조 • 원조의 목적은 불리한 여건으로 인해 고통 받는 사회를 '질서 정연한 사회'로 만드는 것. 즉 사회 구조와 체제의 개선이지, 모든 인류의 부의 재분배나 복지 수준을 향상시키는 것은 아님 • 차등의 원칙을 국제 사회에 적용하는 것을 반대 → 빈곤국의 문제는 능력의 부재이고, 가난한 국가라도 '질서 정연한 사회'에 대해서는 원조할 필요가 없음

② 자선의 관점 : 원조나 기부는 의무가 아니라 자발적인 선택에 따른 자선 행위이다. → 노직

> 질서 정연한 사회 ▼ 검색
>
> 구성원들의 선을 증진해 주면서도 구성원들이 동의한 정의관에 의해 효율적으로 규제되는 사회를 말한다.

  ㉠ 노직(Nozick, R.) : 개인이 사적 차원에서 자발적으로 도울 수 있으며, 자선의 차원에서 선택적으로 원조가 이루어져야 한다.

    → 의무 요구는 개인의 권리 침해이고, 개인의 부에 대한 이용은 개인의 자유

  ㉡ 문제점

    ⓐ 원조를 자유적인 선택의 문제로 보기 때문에 세계 빈곤 문제를 적극적으로 해결하는 데 어려움이 있다.

    ⓑ 원조를 받는 약소국을 시혜적 관점으로 얕잡아 볼 수 있다.

(4) 해외 원조의 목적과 방식

① 목적

  ㉠ 인간의 존엄성 실현과 인도주의적 의무에서 기아와 재해 등 어려운 처지에 있는 사람들을 도와주어야 한다.

ⓒ 국가 간 동맹 강화, 수혜국의 개발을 지원함으로써 장기적인 경제적 이익 확보와 국가의 이미지를 제고할 수 있다.

② 방식

　ㄱ 직접적인 원조 : 긴급 구호를 위한 식량, 의약품 제공, 구조대 파견 등

　ㄴ 간접적인 원조 : 기술 협력과 지원, 인적 자원의 개발, 환경 보호 등

> **잠깐**
> **원조의 딜레마**
> 무분별한 원조로 원조 수혜국의 주인 의식이나 자립 능력이 약화되어 해외 원조에 계속해서 의존하게 되는 것

③ 원조의 바람직한 태도

　ㄱ 원조를 받는 약소국의 자존감과 존엄성이 훼손되지 않도록 한다.

　ㄴ 인류는 상호 의존적으로 연결되어 있다는 인식을 가지고 약소국을 진심으로 도우려는 자세가 필요하다.

　ㄷ 원조를 받는 나라에서 필요로 하는 것을 지원해야 하고, 그 나라의 현실과 현재 상황에 알맞은 형태로 지원을 해야 한다.

　ㄹ 일시적 지원이 아닌, 장기적이고 지속적인 지원이 필요하다.

(5) 세계 시민주의와 세계 시민 의식

① 세계 시민주의 : 인류를 하나의 세계 시민으로 볼 것을 강조하며, 인류 전체에 대한 소속감과 인류에 대한 보편적 가치를 우선적으로 추구하는 사상이다.

　→ 싱어 '세계 시민으로 살기 위한 윤리적 지침'을 제시

② 세계 시민 의식

　ㄱ "지구 공동체"의 시민으로서 책임감을 가지고 다양한 가치를 존중함으로써 세계를 지속 가능한 공동체로 만들고자 하는 의식이다.

　ㄴ 국가 구성원으로서의 국가 정체성을 유지하면서 세계 시민으로서의 의식이 서로 조화를 이루어야 한다.

알아두면 점수따는 이야기　　　　　　　　　　　　　　원조에 대한 싱어의 입장

　자기 가족의 기본적인 욕구를 충족하고도 남는 소득이 있는 모든 사람들은 세계의 극빈자들을 돕기 위한 단체에 자신의 소득 중에서 최소한 1%는 기부해야 한다. 이러한 기준을 충족시키지 못하는 사람들은 전 지구적 의무를 공정하게 나눠 가지지 않은 것이며, 따라서 심각하게 도덕적으로 잘못된 일을 행하는 것으로 간주되어야 한다. 이것은 최소한의 기부액이지 최적의 기부액은 아니다.　　　　　　　　　　　　　　　　　　　　　　　　　　　　　　　　　　－ 싱어, 『세계화의 윤리』

심화학습 올리히 벡(Ulrich)의 세계 시민주의

  벡은 세계화 시대의 글로벌 위험으로 생태, 경제, 테러리즘을 분석하고 이러한 위험에 맞설 수 있는 힘으로 세계 시민주의에 주목한다. 오늘날 글로벌 위험은 모든 인류를 평등하게 위협하기 때문에, 이에 대응하는 방법 또한 국가 상호 의존성과 배려에 기반할 수밖에 없다는 것이다. 글로벌 위험은 위험의 정의와 생산, 분배에서 새로운 불평등과 양극화를 초래하지만, 동시에 인류 공동의 위협에 대응하는 정치·윤리적 성찰로서 세계 시민주의를 발전시킬 계기일 수도 있음을 주장한다.

01 | 갈등 해결과 소통의 윤리

1 사회 갈등과 사회 통합

1) 사회 갈등의 원인과 유형

원 인	생각이나 가치관의 차이, 이해관계의 대립, 소통의 부재 문제 등
유 형	지역 갈등, 세대 갈등, 이념 갈등, 계층 갈등, 노사 갈등 등

2) 사회 통합

사회 윤리의 기본 원리	사회성, 공익성, 보조성 등
사회 통합을 위한 노력	사례 – 1997년 금 모으기 운동, 태안 앞바다 기름 제거 작업

2 소통과 담론의 윤리

1) 소통과 담론의 의미

소 통	나와 상대방이 서로 의견을 주고받는 공유의 과정 → 대화와 공감이 필요
담 론	갈등이나 문제를 해결하기 위한 이성적 의사소통 행위, 토론 형태로 이루어짐

2) 동·서양의 소통과 담론의 윤리

공자	'화이부동(和而不同)'을 통해 조화 강조
맹자	소통을 방해하는 그릇된 언사를 네 가지 피사, 음사, 사사, 둔사로 제시
장자	차이에 대한 인정과 상호 의존 관계를 강조
원효	'화쟁 사상'을 강조
밀	토론의 중요성 강조(오류 가능성을 검증)
아펠	'인격의 상호 인정'이 진정한 소통을 위한 기본 전제임을 강조
하버마스	• 담론 윤리를 강조, 서로 이해하고 합의하는 과정을 중시 • 이상적인 담화의 조건 : 진리성, 정당성, 진실성, 이해 가능성

02 | 민족 통합의 윤리

1 통일 문제를 둘러싼 쟁점

1) 통일에 대한 입장

찬 성	이산가족의 고통 해소, 전쟁의 공포 해소, 경제적 번영, 민족의 동질성 회복 등
반 대	이질화 심화, 평화와 공존 우선, 통일 비용과 조세 부담 증가, 갈등과 혼란 발생 등

2) 분단 비용과 통일 비용 문제

분단 비용	경제적 비용(국방비, 외교비, 물류비 등), 비경제적 비용(이산가족의 고통, 이념적 대립과 갈등, 전쟁의 위협과 공포 등) → 소모성 비용
통일 비용	제도 통합 비용(정치·행정·금융·화폐 통합 비용 등), 위기관리 비용(치안, 구호, 실업 문제 처리 비용 등), 경제적 투자 비용(생산 시설, 기반 구축 비용 등) → 투자 비용
평화 비용	평화 유지와 정착을 위해 필요한 비용 → 남북 교류 비용, 남북 경제 협력 비용 등

2 통일이 지향해야 할 가치

1) 남북한의 화해와 통일을 위한 노력

개인적 차원	통일에 대한 관심, 소통과 배려, 공존의 노력, 북한에 대한 올바른 인식
국가적 차원	안보에 기반을 둔 남북 간 신뢰 형성, 통일을 위한 체계적 준비

2) 통일 한국이 지향해야 할 가치 : 평화, 인권, 자유, 정의 등

03 | 지구촌 평화의 윤리

1 국제 분쟁의 해결과 평화

1) 국제 분쟁의 원인과 견해

원 인	인종·민족 간 갈등, 영역과 자원을 둘러싼 갈등, 문화적 차이에 따른 갈등 등
견 해	헌팅턴 → '문명의 충돌', 뮐러 → '문명의 공존'

2) 국제 분쟁 해결에 대한 관점

현실주의	인간은 이기적인 존재이며, 국가는 힘의 논리에 의해 자국의 이익만을 추구 → 세력 균형을 통해서 해결 가능 (모겐소)
이상주의	인간은 이성적 존재이며, 평화는 이성적 대화와 협력을 바탕으로 도덕·여론·법률·제도를 통해 가능 → 칸트 '영구 평화론' 제시
구성주의	자국과 상대국과의 관계 정립과 상호 작용에 따라 국익 좌우 → 긍정적인 상호 작용을 통해 분쟁 해결(웬트)

3) 국제 평화의 실현

칸트 영구 평화론	• 국제법을 따르는 '평화 연맹'의 구성을 주장 → '환대권'을 강조 • 국제 연맹, 국제 연합(UN)이 영구 평화의 실천적 형태
갈퉁 적극적 평화론	물리적·직접적 폭력뿐만 아니라 빈곤, 기아, 종교적 차별과 같은 구조적 폭력과 문화적 폭력까지 완전히 제거 → '인간 안보'의 의미

2 국제 사회에 대한 책임과 기여

1) 국제 정의

형사적 정의	반인도주의적 범죄 → 국제 형사 재판소, 국제 형사 경찰 기구 등
분배적 정의	국가 간 빈부 격차(남북문제), 절대 빈곤 → 공적 개발 원조, 기부 등

2) 해외 원조에 대한 다양한 관점

의무의 관점	'윤리적 의무'이다. → 싱어, 롤스
자선의 관점	자발적인 선택에 따른 자선 행위이다. → 노직

1 동·서양의 소통과 담론의 윤리

공자	'화이부동(和而不同)'을 통해 조화 강조
맹자	__①__ 을 방해하는 그릇된 언사를 네 가지 피사, 음사, 사사, 둔사로 제시
밀	토론의 중요성 강조(오류 가능성을 검증)
아펠	'인격의 상호 인정'이 진정한 소통을 위한 기본 전제임을 강조
하버마스	• 서로 이해하고 합의하는 과정을 중시 • 이상적인 __②__ 의 조건 : 진리성, 정당성, 진실성, 이해 가능성

① 소통
② 담화

2 분단 비용과 통일 비용 문제

분단 비용	• 경제적 비용 : 국방비, 외교비, 물류비 등 • 비경제적 비용 : 이산가족의 고통, 이념적 대립과 갈등, 전쟁의 위협과 공포 등 → __③__ 비용
통일 비용	• 제도 통합 비용 : 정치·행정·금융·화폐 통합 비용 등 • 위기관리 비용 : 치안, 구호, 실업 문제 처리 비용 등 • 경제적 투자 비용 : 생산 시설, 기반 구축 비용

③ 소모성

3 국제 분쟁 해결에 대한 관점

현실주의	세력 균형을 통해서 해결 가능(모겐소)
이상주의	칸트 ' __④__ ' 제시
구성주의	긍정적인 상호 작용을 통해 분쟁 해결(웬트)

④ 영구 평화론

4 국제 평화의 실현

칸트 영구 평화론	국제법을 따르는 '평화 연맹'의 구성을 주장 → '환대권'을 강조
갈퉁 적극적 평화론	물리적·직접적 폭력뿐만 아니라 빈곤, 기아, 종교적 차별과 같은 구조적 폭력과 문화적 폭력까지 완전히 제거 → ' __⑤__ ' 의미

⑤ 인간 안보

5 해외 원조에 대한 다양한 관점

의무의 관점	' __⑥__ 의무' → 싱어, 롤스
자선의 관점	자발적인 선택에 따른 자선 행위 → __⑦__

⑥ 윤리적
⑦ 노직

1. 관련 있는 내용을 보기에서 골라 (　　) 안에 쓰시오.

> ㉠ 지역 이기주의　　　㉡ 분단 비용
> ㉢ 문명의 충돌　　　　㉣ 국제 정의

1) 분단으로 인해 남북한이 부담하는 유·무형의 모든 비용을 말한다.
　(　　　　)
2) 헌팅턴은 문명 간의 충돌이 국제 분쟁의 원인이라고 보았다.
　(　　　　)
3) 자기 사는 지역의 이익만을 추구하는 태도나 생각으로 '님비'·'핌피' 현상 등이 대표적이다. (　　　　)
4) 지구촌 구성원 모두의 인간다운 삶을 위해 필요한 것으로 형사적 정의와 분배적 정의가 있다. (　　　　)

2. 다음 설명이 맞으면 ○표, 틀리면 ×표를 하시오.

1) 사회 윤리의 기본 원리로는 연대성·공익성·보조성 등이 있다.
　(　　)
2) 공자는 소통을 방해하는 그릇된 언사를 네 가지 피사, 음사, 사사, 둔사로 제시하였다. (　　)
3) 하버마스는 이상적인 담화의 조건으로 진리성, 정당성, 진실성, 이해 가능성을 제시하였다. (　　)
4) 롤스는 원조의 목적이 불리한 여건으로 인해 고통 받는 사회를 '질서 정연한 사회'로 만드는 것이라 하였다. (　　)
5) 선진국과 개발도상국 사이의 경제적 격차인 남북문제는 지구촌 분배 정의의 문제와 관련 있다. (　　)

3. 서로 관련된 내용으로 바르게 연결하시오.

1) 하버마스　●　　　● ㉠ 담론 윤리를 강조
2) 모겐소　　●　　　● ㉡ 영구 평화론
3) 칸트　　　●　　　● ㉢ 현실주의(세력 균형)
4) 갈퉁　　　●　　　● ㉣ 적극적 평화(인간 안보)

1.
1) (㉡)
2) (㉢)
3) (㉠)
4) (㉣)

2.
1) (○)
2) (×)
　맹자가 제시하였다.
3) (○)
4) (○)
5) (○)

3.
1) – ㉠
2) – ㉢
3) – ㉡
4) – ㉣

01 다음 ㉠, ㉡에 들어갈 말로 옳은 것은?

| ㉠ | 자기 지역에 혐오 시설 건설을 반대한다. |
| ㉡ | 자기 지역 경제 활성화에 도움이 되는 시설 유치를 찬성 |

	㉠	㉡		㉠	㉡
①	님비	핌피	②	핌피	님비
③	피싱	파밍	④	파밍	피싱

02 우리 사회의 갈등 유형들이다. 사회 갈등의 원인으로 옳지 <u>않은</u> 것은?

- 지역 갈등 : 수도권과 지방
- 세대 갈등 : 일자리, 노인 부양 문제
- 이념 갈등 : 보수와 진보
  ⋮

① 생각이나 가치관의 차이
② 이해관계의 대립
③ 원활한 소통의 부재
④ 상호 존중과 신뢰의 대화

03 다음 두 사상가의 주장에서 ( )에 공통으로 들어갈 용어로 옳은 것은?

- 맹자 : ( )을/를 방해하는 그릇된 언사를 네 가지 피사, 음사, 사사, 둔사로 제시하였다.
- 아펠 : 인격의 상호 인정이 진정한 ( )의 기본 전제임을 강조하였다.

① 청렴   ② 정의
③ 소통   ④ 관용

04 하버마스가 제시한 '이상적인 담화의 조건'들이다. ㉠에 들어갈 내용으로 옳은 것은?

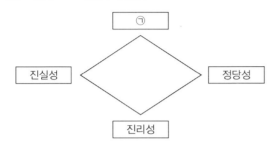

① 이해 가능성   ② 책임성
③ 순수성   ④ 통합성

04
하버마스는 의소소통의 합리성을 실현하기 위해 '이상적 담화 조건'을 제시하였다. ㉠에 들어갈 내용은 이해 가능성이다.

05 다음의 내용과 관련된 담론 윤리를 강조한 인물은?

- 누구나 자유롭게 소통에 참여할 자격이 있음을 강조
- 이상적인 담화 조건을 제시
- 공론장을 통해 합리적 담론을 이끌어 낼 수 있음

① 밀   ② 아펠
③ 하버마스   ④ 칸트

05
담론 윤리를 강조한 하버마스이다. 서로 이해하고 합의하는 과정을 중시하였다.

06 다음 내용에 해당하는 개념은?

기출

- 남북한의 대립과 갈등으로 발생하는 비용
- 남북한이 지출하는 막대한 군사비와 사회적·경제적 비용

① 분단비용   ② 평화비용
③ 통일비용   ④ 통일편익

06
분단비용은 분단 상태가 계속되면서 남북한 사이의 대결과 갈등으로 지출되는 유·무형의 비용을 말하는 것이다.
④ 통일편익은 통일이 가져다줄 보상과 혜택의 총체를 의미한다.

ANSWER
04. ①   05. ③   06. ①

07 남북한의 평화적 교류와 협력이 중요한 이유에 해당하지 **기출** **않는** 것은?

① 신뢰 회복   ② 긴장 완화

③ 평화통일 기반 마련   ④ 무력통일 기반 마련

07

남북한의 평화적 교류와 협력은 통일을 위한 노력이다. 바람직한 통일은 점진적 통일, 민주적·평화적 통일, 단계적 통일을 이루는 것이다.

08 다음과 관련하여 통일 과정에서 극복해야 할 과제로 가 **고난도** 장 적절한 것은?

> 1990년 독일은 통일을 이루었으나 현재까지도 동독과 서독 간 구분은 사라지지 않고 있다. 동독과 서독 사이에는 여전히 큰 경제적 격차가 존재할 뿐 아니라 정신적 괴리도 깊다. 동독인은 서독인을 '베시스', 서독인은 동독인을 '오시스'라고 부르며 서로를 비하하고 있다.

① 자민족 중심주의를 극복해야 한다.

② 일차적으로 경제적 차이를 극복해야 한다.

③ 민족 구성원 간의 이질화 현상을 극복해야 한다.

④ 주변 국가들의 통일에 대한 견제를 극복해야 한다.

08

오시스는 '동쪽 놈(게으름, 무능함)', 베시스는 '서쪽 놈(신뢰성 부족, 이기적, 기회주의적)'이란 의미로서, 바람직한 통일을 위해서는 무엇보다 민족 구성원 간의 이질화 현상을 극복할 수 있어야 한다.

09 다음 밑줄 친 부분의 특징으로 적절하지 **않은** 것은? **기출**

> 민족주의는 기본적으로 자기 민족의 이익과 발전을 중요하게 여긴다. 그러나 민족의 발전을 추구하는 방식에 따라 열린 민족주의와 닫힌 민족주의로 나눌 수 있다.

① 배타성   ② 다양성

③ 포용성   ④ 개방성

09

① 배타성은 남을 배척하는 성질로서, 닫힌 민족주의의 특징이다.

ANSWER

07. ④   08. ③   09. ①

10 지구촌 시대에 지녀야 할 자세로 옳지 <u>않은</u> 것은?

① 다문화 이웃을 배려한다.
② 문화의 차이를 인정한다.
③ 열린 민족주의의 자세를 갖는다.
④ 배타적 민족 정체성을 고집한다.

11 다음 설명에 해당하는 비용은?

> 통일 이후에 남북한의 경제 격차를 해소하고 이질적인 요소들을 통합하는 데 소요되는 유형·무형의 비용을 의미한다.

① 분단 비용
② 전쟁 비용
③ 갈등 비용
④ 통일 비용

12 다음 ㉠, ㉡에 들어갈 말로 옳은 것은?

| ㉠ | 남북한의 대립과 갈등으로 드는 사회적, 경제적 비용 |
| ㉡ | 통일 이후 남북한의 이질적인 요소들을 통합하는 데 드는 비용 |

	㉠	㉡
①	분단 비용	통일 비용
②	분단 비용	기회비용
③	통일 비용	분단 비용
④	통일 비용	기회비용

10
지구촌 시대에 배타적 민족주의(닫힌 민족주의)는 자기 민족의 우수성을 내세워 다른 민족을 무시하거나 차별하며, 자기 민족의 이익만을 추구함으로써 민족 간 갈등이 발생하고 지구촌 평화를 위협할 수 있는 문제점을 가지고 있다.

11
제시된 설명에 해당하는 비용은 '통일 비용'이다.
① 분단 비용은 분단 상태가 계속되면서 남북한 사이의 대결과 갈등으로 지출되는 유·무형의 비용이다(국방비, 물류비). 평화 비용은 현재의 평화를 유지하고 관계를 발전시켜 통일로 나아갈 수 있는 기반을 마련하기 위한 비용을 말한다(남북 교류 비용).

12
㉠은 '분단 비용', ㉡은 '통일 비용'이다. 평화 비용은 현재의 평화 상태를 유지하고, 관계를 발전시켜 나아갈 수 있는 기반을 마련하기 위한 비용을 말한다.

ANSWER
10. ④ 11. ④ 12. ①

13 통일을 이루기 위한 바람직한 자세로 적절하지 <u>않은</u> 것은?

① 자주적이고 평화적인 통일을 위해 노력해야 한다.

② 남북한 주민들의 이질적 가치관과 생활양식의 조화를 추구한다.

③ 남북이 공동으로 인정할 수 있는 보편적 가치를 바탕으로 해야 한다.

④ 국내의 타 민족들은 제외하고 남북한 주민으로만 한민족 공동체를 형성해야 한다.

13
④ 한민족 공동체의 범위는 한반도의 남북한 주민, 재외 동포들, 한국 국적을 취득한 외국인, 다문화 가정 자녀 등이 모두 포함된다.

14 〈보기〉에 나타난 문제를 극복하기 위한 방안으로 가장 적절하지 <u>않은</u> 것은?

> 보기
>
> 북한 이탈 주민은 사회 적응 과정에서 사회적 편견으로 인하여 취업에 있어서 어려움을 겪으며, 또한 언어의 이질화로 인한 의사소통 문제, 가족에 대한 그리움 등 여러 가지 부적응 문제를 겪는다.

① 북한 이탈 주민을 우리의 이웃으로 인식하고 존중하며 배려해야 한다.

② 북한 이탈 주민에 대한 그릇된 인식을 개선하고, 그들의 인권을 존중한다.

③ 북한 이탈 주민이 남한 사회에서 자립할 능력을 갖출 수 있도록 지원한다.

④ 북한 이탈 주민 스스로가 그들의 가치관을 바꾸고 사회에 적응할 수 있어야 한다.

14
정부와 민간 차원에서 북한 이탈 주민들의 남한 사회에 대한 이해를 돕기 위한 사회 적응 교육이나 사회적응 훈련 등을 실시함으로써 그들이 남한 사회에 적응될 수 있도록 지원해야 한다.

ANSWER
13. ④ **14.** ④

15 ㉠에 들어갈 내용으로 적절하지 <u>않은</u> 것은?

> 주제 : 바람직한 통일을 위한 노력
> (가) 통일 의미 : 남한과 북한이 하나의 공동체를 형성
> 하고 더불어 살아가는 것
> (나) 노력할 점 : (㉠)

① 점진적이고 단계적으로 노력한다.
② 남북한의 이념과 체제 경쟁을 유도한다.
③ 주변국과의 협력과 유대를 강화해 나간다.
④ 국민적 이해와 합의를 토대로 평화적으로 이루어져야
한다.

15

㉠에 들어갈 바람직한 통일을 위한 노력으로 남북한이 서로를 존중하고 인정하는 토대 위에서 한민족의 정체성을 정립하고, 지속적인 대화와 협력, 교류를 통하여 상호 신뢰를 회복할 수 있도록 해야 한다.

16 다음의 ㉠에 들어갈 내용으로 적절한 것은?

> 국제 관계를 바라보는 관점 : _____㉠_____
> • 인간은 이기적 존재이며, 국가는 자국의 이익만을 추구함
> • 분쟁 해결을 위해 세력 균형을 이루어야 함
> • 대표적 사상가 : 모겐소

① 현실주의   ② 구성주의
③ 이상주의   ④ 평화주의

16

㉠에 들어갈 내용은 '현실주의'로서 모겐소는 국제 정치는 국익의 관점에서 정의된 권력을 위한 투쟁이며, 개별 국가는 국력을 키워 국가 간 세력 균형을 유지해야 분쟁을 해결할 수 있다고 하였다.

17 다음과 같은 내용의 평화론을 주장한 인물은?

> • 각국이 국제법의 적용을 받는 평화 연맹을 구성할 것을 요구
> • 평화를 실현하는 방안으로 환대권을 강조

① 칸트   ② 갈퉁
③ 싱어   ④ 롤스

17

제시된 내용은 칸트의 '영구 평화론'이다. 칸트는 국가 간의 보편적 우호 관계에 기반을 둔 평화 연맹을 통해 자유를 보장받고 평화를 유지할 수 있다고 보았다.

ANSWER

15. ② 16. ① 17. ①

18 ( )에 공통으로 들어갈 단어는?

> 주제 : 갈퉁(Galtung, J.)의 ( ) 이론
> • 소극적 ( ) : 테러, 범죄, 전쟁과 같은 물리적 폭력이 없는 상태
> • 적극적 ( ) : 물리적 폭력은 물론 문화적 폭력과 구조적 폭력까지 모두 사라진 상태

① 평화　　　　　② 평등
③ 자유　　　　　④ 복지

19 다음 내용에 해당하는 사회 현상으로 옳은 것은?

> • 전 세계가 하나로 연결되고, 그 속에서 상호 의존성이 심화되는 현상이다.
> • K-POP이 아시아를 넘어 유럽의 젊은이들을 열광시키고 있다.

① 세계화　　　　② 도시화
③ 지역화　　　　④ 산업화

20 세계화와 지역화의 윤리적 문제의 해결 방안에 해당하는 것을 〈보기〉에서 모두 고른 것은?

> ㉠ 지역의 고유성과 전통을 최우선적으로 강조한다.
> ㉡ 지역의 고유문화를 세계화시키면서 하나의 문화로 통일한다.
> ㉢ 세계와 지역이 함께 공존하도록 세계화와 지역화의 조화를 추구한다.
> ㉣ 지역의 고유성과 전통을 유지하면서 세계 시민의식을 바탕으로 인류 공존을 추구한다.

① ㉠, ㉡　　　　② ㉠, ㉣
③ ㉡, ㉢　　　　④ ㉢, ㉣

18

( )에 공통적으로 들어갈 단어는 '평화'이다.
소극적 평화는 전쟁이 없는 상태인 '국가 안보'의 개념이고, 적극적 평화는 '인간 안보'의 의미로 볼 수 있다. 적극적 평화의 가치는 인권을 보장하고, 삶의 질을 향상시키며 국제 평화 정착에 기여한다.

19

국가 간의 교류가 활발하고 자유롭게 이루어지는 세계화에 대한 내용이다.

20

㉠, ㉡ 지역의 고유성과 전통을 최우선적으로 강조하거나 지역의 고유문화를 세계화시키면서 하나의 문화로 통일하게 되면 지역화가 지나치게 강조되어 전 세계적 차원의 문제 해결에 어려움이 발생하며, 문화의 획일화가 초래된다.

ANSWER
18. ① 　19. ① 　20. ④

21 다음 ㉠, ㉡에 들어갈 말로 옳은 것은?

㉠	테러, 학살, 인신 매매, 납치 등과 같은 범죄에 대한 정당한 처벌을 통해 실현
㉡	빈곤 국가에 경제 개발과 사회 복지를 돕는 자원 지급과 기술 협력 등을 통해 실현

      ㉠　　　　　　㉡
① 분배적 정의　　　형사적 정의
② 형사적 정의　　　분배적 정의
③ 분배적 정의　　　비례적 정의
④ 형사적 정의　　　비례적 정의

21

㉠은 형사적 정의, ㉡은 분배적 정의에 대한 내용이다.

22 '인간 안보'의 의미로서 물리적·직접적 폭력뿐만 아니라 구조적·문화적 폭력까지 완전히 제거된 상태를 일컫는 말은?

① 현실적 평화　　② 대안적 평화
③ 적극적 평화　　④ 소극적 평화

22

평화의 종류
• 소극적 평화 : 전쟁, 테러, 범죄, 폭행과 같은 물리적·직접적 폭력이 없는 상태 → 국가 안보의 개념
• 적극적 평화 : 물리적·직접적 폭력뿐만 아니라 구조적·문화적 폭력까지 완전히 제거되어 인간다운 삶을 영위할 수 있는 상태 → 인간 안보의 개념

23 다음 설명에 해당하는 용어는?

기출

• 고통과 갈등이 없는 안정된 마음의 상태
• 테러, 범죄, 전쟁과 같은 폭력이 없는 상태

① 평화　　② 봉사
③ 역차별　　④ 불복종

23

제시된 설명에 해당하는 용어는 '평화'이다. 평화의 소극적 의미는 전쟁, 테러, 범죄, 폭행과 같은 물리적·직접적 폭력이 없는 상태를 말하는 것이고, 적극적 평화는 물리적·직접적 폭력뿐만 아니라 빈곤, 기아, 종교적 차별 등과 같은 구조적 폭력과 문화적 폭력까지 완전히 제거되어 인간다운 삶을 영위할 수 있는 상태를 의미한다.

ANSWER
21. ② 22. ③ 23. ①

24 싱어(Singer, P.)가 지지할 견해로 옳은 것은?

해외 원조에 대해 어떻게 생각하시나요?

당장의 생존과 관련 없는 지출을 하는 사람들이 기부하지 않는 것은 마치 물에 빠진 어린아이를 손쉽게 구할 수 있는 데도 그냥 지나친 사람과 똑같은 것입니다.

학생   싱어

① 약소국에 대한 원조는 불필요하다.
② 빈곤 문제는 자국 내에서 해결해야 할 문제이다.
③ 인류의 행복 증진을 위해 원조와 기부를 해야 한다.
④ 원조는 개인이나 국가가 자율적으로 선택할 문제이다.

25 해외 원조에 대한 노직의 관점으로 옳은 것은?

① 해외 원조는 정의 실현을 위한 의무이다.
② 해외 원조는 의무가 아니라 자발적인 선택에 따른 자선 행위이다.
③ 해외 원조의 목적은 질서 정연한 사회가 되도록 돕는 것이다.
④ 원조의 대상을 지구촌 전체로 확대할 것을 강조하였다.

24
제시된 대화의 내용은 약소국 원조의 윤리적 근거에 대한 관점으로 '싱어'는 국가나 민족을 초월하여 가난한 사람들의 고통을 줄여주고, 인류의 이익을 증진시키기 위해 원조를 하는 것이 윤리적 의무라고 하여 지구적 차원의 분배가 이루어져야 한다고 하였다.

25
①, ③은 롤스가 주장한 내용이고, ④는 싱어가 강조한 내용이다.

ANSWER
24. ③ 25. ②

26 다음 내용과 관련 있는 해외 원조의 윤리적 근거에 대한 관점은?

> 과거 식민지 지배를 받았거나 제국주의적 수탈을 당했던 나라가 현대 사회의 국제 질서와 시장 경제 체제하에서도 약소국이 되며, 즉 이러한 약소국의 어려운 처지는 일정 부분 부유한 국가가 초래한 일이다.

① 원조는 선의를 베푸는 행위일 뿐이다.
② 약소국에 대한 원조는 윤리적 의무이다.
③ 원조는 자선의 차원에서 이루어져야 한다.
④ 약소국에 대한 원조는 각 나라의 자유로운 선택이다.

26

제시문은 약소국의 어려운 처지는 부유한 국가가 초래한 일이므로 부유한 나라가 약소국을 도와야 한다는 윤리적 의무의 관점에 해당한다. 즉, 약소국에 대한 원조는 윤리적 의무라는 입장이다.
①, ③, ④는 약소국 원조를 자선의 관점으로 바라보는 입장이다.

ANSWER

26. ②

NOTE

술술 풀리는 고졸 검정고시 도덕

2025년 1월 10일 6판 발행
2017년 1월 9일 초판 발행

편 저 자   검정고시 학원연합회
발 행 인   전 순 석
발 행 처   정훈사
주   소   서울특별시 중구 마른내로 72, 421호
등   록   제2014-000104호
전   화   737-1212
팩   스   737-4326